지식인 마을 38
이황 & 이이
조선의 정신을 세우다

지식인마을 38 조선의 정신을 세우다
이황 & 이이

저자_ 조남호

1판 1쇄 발행_ 2013. 12. 23.
1판 5쇄 발행_ 2023. 12. 29.

발행처_ 김영사
발행인_ 고세규

등록번호_ 제406-2003-036호
등록일자_ 1979. 5. 17.

경기도 파주시 문발로 197(문발동) 우편번호 10881
마케팅부 031)955-3100, 편집부 031)955-3200, 팩스 031)955-3111

저작권자 ⓒ 2013 조남호
이 책의 저작권은 저자에게 있습니다. 서면에 의한 저자와 출판사의
허락 없이 내용의 일부를 인용하거나 발췌하는 것을 금합니다.

COPYRIGHTⓒ 2013 Cho Namho
All rights reserved including the rights of reproduction in whole
or in part in any form. Printed in KOREA.

값은 표지에 있습니다.
ISBN 978-89-349-6571-8 04150
　　　978-89-349-2136-3 (세트)

홈페이지_ www.gimmyoung.com　　블로그_ blog.naver.com/gybook
인스타그램_ instagram.com/gimmyoung　　이메일_ bestbook@gimmyoung.com

좋은 독자가 좋은 책을 만듭니다.
김영사는 독자 여러분의 의견에 항상 귀 기울이고 있습니다.

지식인마을 38

이황 & 이이
李滉 & 李珥
조선의 정신을 세우다

조남호 지음

김영사

Prologue 1 지식여행을 떠나며

조선 학자들의 공부론

현대 중국철학 연구자 천라이陳來, 1952~가 작년에 우리나라를 방문한 적이 있었다. 그때 흥미로운 말을 했다. "량치차오梁啓超, 1873~1929가 만약에 혁명이 성공하지 못했다면 한국으로 망명해서 조선 유학사를 저술하고 싶다고 했다." 량치차오가 누구인가? 캉유웨이康有爲, 1858~1927와 함께 무술변법이 주도했고, 일본으로 망명했다가 신해혁명이 성공하자 중국으로 돌아와 위안스카이袁世凱, 1859~1916 정부를 무너뜨리는 데 중요한 역할을 한 사람이다. 만년에는 문화 방면에 종사해 전통 중국의 학술을 재평가하고 재해석했다. 그가 이황의 《성학십도》에 관심을 가졌다는 것을 익히 알고 있었지만, 조선 유학사가 량치차오의 만년 관심사 중에 하나였다고 하는 것은 처음 듣는 말이다.

조선 유학사는 량치차오 같은 대학자가 관심을 가질 정도로 만만치 않은 작업이다. 왜냐하면 조선 유학을 연구하기 위해서는 중국의 선진 유학과 송 대 유학에 정통해야 되기 때문이다. 리기, 인심 도심, 본연지성, 사단칠정 등은 매우 추상도가 높은 개념이라 접근하기 쉽지 않다. 이황과 이이, 그리고 퇴계학파와 율곡학파는 바로 그것을 가지고 논쟁을 했다. 그래서 한눈에 파악하기가 쉽지 않다. 이는 원효元曉, 617~686나 지눌知訥, 1158~1210의 불교철학도 마찬가지다.

이황과 이이의 철학은 몇십 년을 공부해도 쉽지가 않다. 그렇다고 마냥 손을 놓을 수도 없었다. 이 책을 쓰면서 나 자신의 한계를 절감해야만 했다. 이황과 이이의 철학은 알기도 어려울 뿐만 아니라 쉽게 전달하는 것도 여의치 않다는 것을 말이다. 그런데다 세상이 바뀌었다. 아니 계속 바뀌고 있다. 봉건주의 시대를 살았던 이황과 이이의 관심과 현재 자본주의 시대를 살고 있는 우리의 관심은 다를 수 있다. 지금의 관점에서 이들의 철학 사상을 살핀다고 해도, 문제가 발생할 수밖에 없다. 그런데다 우리는 일제 강점기를 거쳤기 때문에 역사의 연속성이 사라졌다.

그런데 세상은 돌고 돌지 않던가. 신자유주의 시대를 맞이해 경쟁에서 살아남는 것만이 중요한 것이 되고, 인간의 가치에 대해서는 무관심한 세상이 되었다. 오히려 이러한 시대에 이황과 이이의 도덕적 가치관이 지금 세상의 문제를 전부 해결할 수는 없을지라도, 어느 정도 문제를 해결할 수 있는 열쇠가 될 수 있을 것이라는 희망을 가져 본다. 인간의 도덕적 가치를 중시하고, 그것을 해결하기 위해 노력하는 인간상이야말로 우리의 전통 중에서 여전히 의미 있는 부분이기 때문이다.

현재 한국에서 공정 혹은 정의에 대한 논의가 열풍이다. 근대 서구 사회는 사적인 주체가 있고, 그 주체들이 하나하나씩 양해해서 만들어진 공적인 영역이 존재한다. 그러나 조선에서는 사적인 주체들의 합으로서 공이 만들어지지 않았고, 공 자체가 이미 존재했으며, 사는 그것에서 이탈된 모습으로 있었을 뿐이다. 그런 점에서 동서양의 공과 사를 비교하는 것이 적절하지 않을지도 모른다. 그리고 사회적인 정의에 대한 논의보다는 내면적인 도덕에 대한 과도한 강조는 오히려 정의에 대한 관심을 소홀하게 만들어버렸다. 그럼에도 이황과 이이를 비롯한 조선의 철학에는 이러한 공적인 것을 내면화하고, 그것을 실천하려는 공부론적인 사고가 들어가 있다. 자신의 감정까지도 제어해 완벽한 인간이 되려고 하는 것이다. 조선 학자의 공정이라는 수양론적 공간은 서양과 같은 사변적이고 관조적인 단절된 공간이 아니라 공이라는 관계에 돌입하기 위한 준비다. 그래서 더 치열한 실천적 공간일 수 있다. 공정한 사회는 사회적인 제도 장치도 중요하지만, 개인의 실천적인 노력도 더 필요하다. 정의론이나 공정 사회론은 이론이 곧 실천이라는 사고에 입각하고 있지만, 그것을 이루기 위해서는 자신의 내면의 의식까지도 고려해야 한다. 조선 학자의 공부론은 현대의 정의에 관한 메타적인 논의에 있어서는 부족하지만, 내면적이고 실천적인 공부론으로서 의의가 있다. 앞으로의 공정 사회론이 한 걸음 더 나아가기 위해서는 이황과 이이와 같은 조선학자들의 세부적이고 실천적인 윤리의 성과를 흡수하려는 노력이 있어야 할 것이다.

아직도 문제의식을 찾아
고민하는 영혼이
녹토재에서
2013. 12

Prologue 2 이 책을 읽기 전에

〈지식인마을〉시리즈는…

　〈지식인마을〉은 인문·사회·과학 분야에서 뛰어난 업적을 남긴 동서양대표 지식인 100인의 사상을 독창적으로 엮은 통합적 지식교양서이다. 100명의 지식인이 한 마을에 살고 있다는 가정 하에 동서고금을 가로지르는 지식인들의 대립·계승·영향 관계를 일목요연하게 볼 수 있도록 구성했으며, 분야별·시대별로 4개의 거리를 구성하여 해당 분야에 대한 지식의 지평을 넓히는 데 도움이 되도록 했다.

〈지식인마을〉의 거리

플라톤가 ｜ 플라톤, 공자, 뒤르켐, 프로이트 같이 모든 지식의 뿌리가 되는 대사상가들의 거리이다.

다윈가 ｜ 고대 자연철학자들과 근대 생물학자들의 거리로, 모든 과학 사상이 시작된 곳이다.

촘스키가 ｜ 촘스키, 베냐민, 하이데거, 푸코 등 현대사회를 살아가는 인간에 대한 새로운 시각을 제시한 지식인의 거리이다.

아인슈타인가 ｜ 아인슈타인, 에디슨, 쿤, 포퍼 등 21세기를 과학의 세대로 만든 이들의 거리이다.

이 책의 구성은

　〈지식인마을〉 시리즈의 각 권은 인류 지성사를 이끌었던 위대한 질문을 중심으로 서로 대립하거나 영향을 미친 두 명의 지식인이 주인공으로 등장한다. 그리고 다음과 같은 구성 아래 그들의 치열한 논쟁을 폭넓고 깊이 있게 다룸으로써 더 많은 지식의 네트워크를 보여주고 있다.

초대 각 권마다 등장하는 두 명이 주인공이 보내는 초대장. 두 지식인의 사상적 배경과 책의 핵심 논제가 제시된다.

만남 독자들을 더욱 깊은 지식의 세계로 이끌고 갈 만남의 장. 두 주인공의 사상과 업적이 어떻게 이루어졌으며, 그들이 진정 하고 싶었던 말은 무엇이었는지 알아본다.

대화 시공을 초월한 지식인들의 가상대화. 사마천과 노자, 장자가 직접 인터뷰를 하고 부르디외와 함께 시위 현장에 나가기도 하면서, 치열한 고민의 과정을 직접 들어본다.

이슈 과거 지식인의 문제의식은 곧 현재의 이슈. 과거의 지식이 현재의 문제를 해결하는 데 어떻게 적용될 수 있는지 살펴본다.

이 시리즈에서 저자들이 펼쳐놓은 지식의 지형도는 대략적일 뿐이다. 〈지식인마을〉에서 위대한 지식인들을 만나, 그들과 대화하고, 오늘의 이슈에 대해 토론하며 새로운 지식의 지형도를 그려나가기를 바란다.

지식인마을 책임기획 장대익
서울대학교 자유전공학부 교수

Contents 이 책의 내용

Prologue 1 지식여행을 떠나며 · 5
Prologue 2 이책을 읽기 전에 · 8

Chapter 1 초대

이황, 이이 그리고 유학 · 14
1,000원권, 5,000원권, 5만 원권
이황과 이이의 생애

Chapter 2 만남

1. 사단칠정 논쟁 · 40
   이황의 사단칠정
   이이의 사단칠정 비판
   사단칠정의 철학적 의미

2. 리의 자발성 · 63
   이황의 리동설
   이이의 리무위설
   철학적 의미

3. 인심 도심론 · 81
   이황의 인심 도심설
   이이의 인심 도심설
   철학적 논점
   경 공부

5. 이황과 이이의 정치적 입장 · 97

6. 퇴계학파와 율곡학파 · 110
   역사적 전개
   퇴계학파
   율곡학파

 대화
이황과 이이의 가상 대화 · 140

 이슈
- 주리·주기론에 대한 비판적 분석 · 148
- 양주음왕에 대한 비판적 분석 · 179

Epilogue 1 지식인 지도 · 184   2 지식인 연보 · 186
          3 키워드 찾기 · 188   4 깊이 읽기 · 190
          5 찾아보기 · 193

李滉

Chapter 1

✉ 초대
INVITATION

李珥

이황, 이이 그리고 유학

동양철학 전공자로서 많이 질문받는 것 중의 하나가 지폐와 관련된 것이다. 이황李滉, 1501~1570의 초상은 1,000원권에, 이이李珥, 1536~1584의 초상은 5,000원권에 그려져 있다. 그래서 이이가 이황보다 높다고 한다. 그 이유로 이이의 학파가 이황의 학파보다 수가 많고 높은 관직을 지냈다는 점을 들어 이이를 높은 가격에 그렸다고 한다. 그러나 이는 적절한 설명이 되지 못한다. 이이의 학파가 서인-노론으로 이어지는 조선의 권력을 오랫동안 누렸지만, 그렇다고 해서 이이가 이황보다 더 높다고 해서는 안 된다. 이러한 주장은 음모론에 지나지 않는다. 1,000원과 5,000원 사이의 화폐 가치에 따른 비교는 적절하지 않다. 화폐는 그저 화폐일 뿐이다.

1000원권의 구권과 신권 | 구권(왼쪽)의 앞에는 투호, 뒤에는 도산서원의 그림이 있다. 신권(오른쪽)의 앞에는 명륜당 건물과 매화 그림이, 뒤에는 정선의 〈계상정거도〉가 있다.

이황과 이이에 관련해 지폐 이야기를 더 해보자. 1,000원권을 신권과 구권으로 나누어 설명을 해보기로 한다. 구권 앞에는 투호가 그려져 있고, 뒤에는 도산서원의 그림이 있다. 신권 앞에는 명륜당明倫堂이란 건물과 매화 그림이 있고, 뒤에는 정선鄭敾, 1676~1759이 그린 〈계상정거도溪上靜居圖〉로 도산서원 풍경이 그려져 있다. 구권 앞면에 있는 투호는 정신을 집중하기 위해 만든 놀이기구로, 항아리에 화살을 집어넣는 놀이다. 지금도 설날이나 추석날 같은 때 민속 박물관에서 투호 놀이를 한다. 투호 놀이는 중국에서는 당나라 때부터 있었고, 우리나라는 고려시대부터 있었다. 손님들을 모셔놓고 편을 갈라 많이 넣는 팀이 이겼다고 한다. 투호는 이황 선생이 즐기던 놀이다. 그런데 막상 투호를 해보면 쉽지 않다. 정신을 집중해야 넣을 수 있다. 정신 집중이 학문의 가장 핵심이라고 생각해서 그려 넣은 것 같다. 그래서 그림을 잘 보면 두 개는 들어가 있고 하나는 들어가 있지 않다. 들어가지 않은 하나는 정신 집중을 하지 않아서 그런 것이다.

신권 앞면에는 명륜당 그림이 있다. 명륜당은 조선시대 성균관 건물 중 하나다. 지금도 그 건물이 남아 있다. 이황은 성균관의 우두머리인 대사성을 여러 번 지냈다. 명륜이란, 인륜 즉 삼강오륜을 밝힌다는 뜻이다. 매화는 이황이 평소에 즐기던 나무다. 매화는 일찍 봄을 알리는 나무로, 옛날부터 많은 시인 묵객에 의해 시와 그림으로 그려졌을 만큼 사랑을 받았다. 엄동설한을 뚫고 피는 기상과 고요한 정취가 으뜸이다. 지금은 겨울이 매우 춥지 않아서 봄이 오는 것을 간절히 기다리지 않지만, 옛날에는 몹시 추웠기 때문에 봄을 매우 기다렸다. 그래서 심산유곡에 홀로 피는 매화를 감상하려는 취미가 있었다. 이황은 매화나무를 즐겨 감상했고, 그에 대한 시가 한 권의 책으로 묶을 수 있는 정도다. 이황은 죽을 때 매화나무에 물을 주라고 할 정도로 깊은 애정을 가지고 있었다. 세심한 그의 마음씨를 엿볼 수 있다.

〈계상정거도〉에서 '계상'은 퇴거계상退居溪上의 줄인 말로 계곡으로 물러난다는 뜻이다. 이것의 준말로 퇴계란 호를 썼다는 주장도 있고, 퇴계를 토끼골兎溪에서 왔다고 하는 주장도 있다. 정거는 고요하게 거처한다는 뜻이다. 시끄러운 세상에서 물러나 조용히 공부하겠다는 이황의 생각을 담은 그림이다. 그런데 이 그림은 도산서당을 그린 것이다. 도산서당은 이황이 직접 지은 건물로 소박한 형태를 갖추고 있지만, 도산서원은 이황이 죽고 난 뒤에 선조宣祖, 1552~1608가 명명하고 지은 건물로 도산서당 위에 증축했다. 구권은 지금의 도산서원의 모습을 보여주고 있는데 비해, 신권은 옛날의 도산서당의 모습을 그리고 있다. 신권은 또한 옛날 도산서당에 어떻게 들어갔는가를 보여준다. 하나는 소로를 통해 걸어가는 방법이고, 다른 하나는 배로 들어가는 방법이다. 지금의 도산서원은 안동 댐으로 소로가 물에 잠기고, 뱃길도 없어져, 중턱에 길을 내어서 통행하고 있다. 도산서당은 이황이 공부하고 학생을 가르치던 곳이다. 이황은 분주한 관료 생활보다는 한가로이 지식인 양성하는 것에 관심이 많았다. 지금 보기에 도산서당은 매우 보잘것없지만, 과거에 이만한 건물을 짓는 데도 매우 많은 인력과 돈이 들어갔을 것이다. 이황은 자신의 많은 돈을 투자해 학교 건물을 지었다. 그 외에 농운정사가 있는데, 그 건물을 위에서 내려다보면 공工자의 형태로 되어 있다. 공부를 열심히 하라는 의미에서 그렇게 지었다. 그림 왼쪽을 보면 건물이 하나 보이는데, 이곳은 역락재亦樂齋로 정지헌鄭芝軒이란 제자의 아버지가 아들의 입학을 축하하기 위해서 지은 건물이다. 지금 식으로 말하자면 기여 입학인 셈이다. 그렇다고 그것을 나쁘게 볼 필요는 없다. 그 당시 서원은 큰 권력기관이 아니었기 때문이다.

다음은 5,000원 지폐를 살펴보자. 먼저 구권의 앞면에는 벼루

5000원권의 구권과 신권 | 구권(왼쪽)의 앞에는 벼루, 뒤에는 오죽헌의 그림이 있다. 신권(오른쪽)의 앞에는 오죽과 오죽헌이, 뒤에는 신사임당의 〈초충도〉가 있다.

가 있고, 뒷면에는 오죽헌이 있다. 벼루는 이이가 어린 시절 사용하던 것으로 정조의 글이 벼루 뒷면에 새겨져 있다. 벼루는 붓글씨를 쓰기 위한 것이다. 붓글씨는 글씨를 멋들어지게 쓰기 위한 것이 아니라 마음을 닦기 위한 공부로 이해되었다. 조금이라도 마음이 흐트러지면 좋은 글씨가 나오지 않는다. 붓글씨는 예술적인 경지書藝를 넘어서 진리를 깨닫는 경지書道로 이해되었던 것이다. 정조는 이 글에서 이이가 공자孔子, B.C.551~B.C.47와 주희朱熹, 1130~1200의 학통을 이었음을 강조하고 있다. 이는 서인-노론을 포용하려는 시도에서 나온 것이라고 볼 수 있다. 어쨌든 이황의 투호, 이이의 벼루라는 상징물은 모두 마음을 집중하는 공부로 이해될 수 있다. 오죽헌은 이이가 태어난 곳이다. 이이의 어머니인 신사임당申師任堂, 1504~1551이 이곳에서 이이를 낳았다.

오죽헌이란 이이의 이종사촌인 권처균權處均의 호인데, 검은 대나무烏竹란 뜻이다. 실제로 오죽헌에 가면 검은 대나무가 있다. 오죽헌 안에 몽룡실이란 별당이 있다. 신사임당이 검은 용이 동해에서 날아오는 꿈을 꾸고 이이를 낳았다고 해서 지은 이름이다. 그래서 이이의 어렸을 적 이름이 현룡現龍이었다. 이이의 호는 율곡栗谷이다. 율곡은 밤나무가 많아서 생긴 이름으로 지금의 파주 지역이다. 파주는 아버지 고향이고 오죽헌이 있는 강릉은 어머니 고향이다.

신권의 앞면에 오죽과 오죽헌이 그려져 있고, 뒷면에 신사임당의 〈초충도草蟲圖〉가 그려져 있다. 〈초충도〉란 풀과 벌레를 그린 그림으로 8폭 병풍으로 이루어져 있다. 그런데 이것은 신사임당이 직접 그린 것이 아니라 그녀의 그림을 모방한 것이라고 해서 전傳이라고 부른다. 그중의 하나인 수박과 맨드라미를 그린 그림이 채택되었다. 신사임당은 재능이 뛰어났다. 그림을 보면 아주 세밀하게 그렸다는 것을 알 수 있다. 이이의 형제들은 그림과 글씨의 재능이 남달랐다. 아마도 어머니의 재능을 물려받은 것이라고 생각할 수 있다. 신사임당은 이황과 마찬가지로 매화에도 관심을 가지고 있어서 매화 그림을 잘 그렸다고 한다. 그래서 자신의 맏딸에게 매창梅窓이란 이름을 붙여주었다. 오죽헌에는 율곡매란 나무가 있다.

신사임당은 5만 원권에 실렸다. 어머니와 자식 모두 지폐에 올라간 드문 경우다. 5만 원권 앞면에는 신사임당 초상화와 〈묵포

5만원권 | 앞면에는 신사임당 초상화와 〈묵포도도〉, 그리고 〈초충도〉 가운데 가지 그림이 있다. 그리고 뒷면에는 〈월매도〉와 〈풍죽도〉가 있다.

도도〉, 그리고 〈초충도〉 가운데 가지 그림이 있다. 초상화는 여러 가지가 있는데, 새롭게 16세기 두발과 복식을 표현한 것을 택했다. 강릉에 있는 신사임당 그림은 이당 김은호金殷鎬, 1892~1979가 그렸는데, 눈매가 아주 매섭게 그려져 있다. 자애로운 어머니와는 다른 인상을 풍긴다. 5만 원권에는 눈매가 인자한 모습으로 그려져 있다. 포도는 묵의 농담으로 짙게 혹은 옅게 되어 있고 넝쿨도 자세하게 표현되고 있다. 뒷면에는 〈월매도〉와 〈풍죽도〉가 있다. 월매도는 어몽룡魚夢龍, 1566~?의 작품으로 매화에 달이 그려진 모습이고, 〈풍죽도〉는 이정李楨, 1541~1622의 작품으로 바람에 한쪽으로 쓸려가는 대나무를 그린 것이다. 둘 다 신사임당 그림이 아니다. 이는 아마도 5,000원권에 신사임당의 그림을 실었기 때문에 생긴 문제인 것 같다.

　대한민국 지폐에 조선시대 학자들을 넣은 것은 나름대로 의미가 있겠지만 대부분의 국가에서는 당대의 인물을 화폐에 넣고 있는 점을 고려할 때, 한 사람 정도는 근현대 인물이 들어갔으면 어떨까 하는 아쉬움이 남는다.

이황과 이이의 생애

이황과 이이의 철학 사상에 들어가기 전에 그의 생애를 먼저 살펴보자. 생애를 아는 것은 그들의 철학 사상을 아는 것과 밀접한 관계를 갖는다. 철학 사상은 그 시대를 추상화한 관념적인 산물이기 때문이다. 그들의 생애를 주민 등록 조사하듯이 이황과 이이의 글자 풀이, 호에 대한 설명, 가족 관계, 가문, 재산 상황, 과거 합격, 관직 경력, 묘소, 남긴 저서 순으로 살피려고 하는데, 그들의 이야기로 자세히 들어가보자.

이황의 황滉은 물 깊고 넓을 황이다. 이름이 가지는 뜻을 운명론적으로 해석하는 것은 문제가 있지만 이황의 황은 인격에 맞는 글자다. 이황의 호가 퇴계이고 이이의 호가 율곡인 것은 앞에서 말했다. 다른 호도 있다. 이황의 다른 호는 도산陶山이다. 지금의 안동시 도산면에서 유래한 것이다. 도산은 질그릇 굽던 곳이라고도 하고, 혹은 산을 넘으면 또 산이라고 해서 지어진 이름이라고 한다. 이황은 이곳을 기념해서 〈도산12곡〉을 지었다. 이 중에 9곡을 보자.

옛 훌륭한 어른이 지금의 나를 못 보고 나도 고인을 뵙지 못하네,
고인을 뵙지 못해도 그분들이 행하시던 길이 앞에 놓여 있으니,
그 가던 길(진리의 길)이 앞에 있으니,
나 또한 아니 가고 어떻게 하겠는가?

공부에 대한 열망을 알 수 있는 시다.
이 밖에도 6곡인 자연의 경치를 읊은 시도 있다.

봄바람이 부니 산에 꽃이 만발하고 가을밤에는 달빛이 누대에 가득하다.
사계절의 아름다운 흥취가 사람과 마찬가지로다.
하물며 물고기가 뛰고 솔개가 날며 구름이 그늘을 짓고 태양이 빛나는 이러한 자연의 아름다움이 어찌 다함이 있겠는가!

이이의 이珥는 귀고리다. 지금에야 남자가 무슨 귀고리인가 하겠지만, 과거에는 귀족들이 하던 것이었다. 이이가 높은 관직을 갖는다는 뜻이다. 이이의 다른 호는 석담石潭이다. 지금의 황해도 해주시 석담에서 유래한 것이다. 이이는 파주 사람이지만, 학자들과 더불어 해주 석담의 고산에 놀러 갔다가 그곳에 살려는 생각을 굳힌다. 뒤에 형수와 조카들과 함께 이곳에 거처하게 된다. 이곳에 대해 이이는 주희가 〈무이武夷구곡가〉를 지은 것을 본받아 〈고산구곡가〉를 짓는다. 처음에 도입부를 다음과 같이 시작한다.

고산의 아홉 굽이 계곡의 아름다움을 세상 사람들이 모르더니,
내가 풀을 베고 터를 잡아 집을 짓고 사니 (그때야) 벗님네 모두들 찾아오는구나.

아, 무이산에서 후학을 가르친 주희를 생각하고 주희를 배우리라.

주자학을 공부하겠다는 열망을 읽을 수 있다.
다음은 네 번째 소나무 절벽松崖을 읊은 시다.

네 번째로 경치가 좋은 계곡은 어디인가, 소나무 절벽 위로 해가 넘어가는구나.
깊은 물 가운데의 바위 그림자에는 온갖 빛이 잠겨 있구나.
세상을 벗어난 선비가 숨어 사는 곳은 깊을수록 좋으니, 흥겨워 하노라.

맑은 물과 소나무 절벽의 그림자가 대비를 잘 이루고 있다. 그 속에서 세상을 잊고자 하는 뜻이 담겨 있다.

이제 이황과 이이의 생애를 오륜에 따라 재구성해보자. 먼저 군신 관계다. 이황은 연산군燕山君, 1476~1506, 중종中宗, 1488~1544, 인종仁宗, 1515~1545, 명종明宗, 1534~1567, 선조 초기를 살았다. 이이는 중종, 인종, 명종, 선조 중기를 살았다. 이황과 이이 모두 다른 임금보다는 선조에게 기대를 걸었다. 선조도 이들 두 사람에게 특별히 관심을 두고 있었다.

이황은 대사성, 판중추부사 등의 높은 관직을 제수받았지만, 대부분 사양했다. 이는 이황 자신이 천성적으로 자연을 즐기는 경향도 있었지만, 당시는 아직 사화가 끝나지 않았기 때문이다.

이 당시는 많은 선비가 죽었던 사화의 시대다. 무오·갑자·기묘·을 사사화가 이어졌다. 여기서 중요한 것은 사화의 순서가 아니라 철학적인 의미다. 사화는 흔히 훈구파와 사림파의 대결이라고 말한다. 훈구파란 조선 초기부터 명종 때까지 대대로 기득권을 유지하면서 권력을 가지고 있던 사람들을 가리킨다. 그들은 대체로 세조世祖, 1417~1468 때에 쿠데타로 정권을 탈취해 공신功臣이 되어서 부귀영화를 누렸던 사람들이다. 반면에 이에 저항하려는 양심적인 세력들은 단종을 수호하려 했던 사람들로 비명횡사하고 삼족이 멸해졌다. 충과 효를 강조하는 당시 유교 윤리에 충실한 입장에서 보자면, 이것보다 더 부도덕한 일은 없었을 것이다. 일반적으로 보아도, 그런 행위가 풍조가 되는 나라는 기강과 뼈대를 유지할 수는 없다. 조선에서 바로 그러한 도덕성의 위기를 해결하기 위해서 선비들이 일어났던 것이 사화다. 훈구파의 논리는 무력과 힘이지만 사림파의 논리는 이성과 대화다. 훈구파는 군주의 절대권을 옹호하고 있는 데 반해, 사림파는 지식인의 논리를 내세웠다. 이러한 비정상적인 정치적 상황 속에서 이황은 적극적으로 정치에 참여할 수 없었다. 대신에 이황은 우회적인 방법을 택했던 것이다.

반면에 이이가 활약하던 시대는 사화가 끝난 뒤였다. 사림파 지식인들이 정권을 잡자 기득권 세력을 가지고 있던 서인과 그것을 비판하던 동인 간의 당쟁이 가속화되었다. 당시 동인은 강한 세력을 가지고 있었고 공세적인 데 반해, 서인은 수가 적고 수세적이었다. 이이는 대사간, 대사헌, 이조 판서, 형조 판서, 호조 판서, 병조 판서 등을 역임한다. 중앙 관직의 중요 직책들을 대부분 거쳤던 것이다. 이이는 동서 분당 속에서 처음에는 동인과 서인의 화합을 도모하는 정책을 시행했다. 그 논리는 주로 둘 다 옳은 것도 있고 그른 것도 있다는 양시·양비론에 입각했다. 이러한 논리가 서인 편을 든다는 동인의 지적을 받자, 그는 동인과 서인의 시비를 명확히 가리는 정책으로 전환한다. 서인을 암묵적으로 지지한 것이다. 이러한 동서 붕당론은 왕권과 지배층과의 합의제였다. 그러나 이것이 격화되면서 대화 상대자를 인정하지 않는 독단적인 행태로 끝을 맺게 되었다. 이렇듯 이황은 정치와는 거리를 둔 데 비해 이이는 정치적으로 깊숙이 관여했다.

다른 한편으로 보자면 이황이 살던 시대는 국내 정치가 혼란에 빠졌어도 국외 환경이 큰 걱정이 없었지만, 이이 시기에는 명은 장거정張居正, 1525~1582의 개혁으로 인해 사회가 혼란스러웠고, 일본도 통일을 하는 시기였다. 이러한 차이는 두 사람의 정치 사회 개혁 사상에 반영된다.

다음은 부자 관계를 살펴보자. 이황은 진성眞城 이씨다. 진성은 현재 경상북도 청송군 진보면이다. 진성 이씨는 이석李碩이란 분이 시조다. 진성 이씨는 고려 말 향리 출신이었지만, 이황 시대에 명문이 된다.

:: **장거정**

자는 숙대(叔大), 호는 태악(太岳)이다. 중국 명 대의 정치가로 지금의 국무총리와 비서실장에 해당하는 수보(首補)를 지내면서, 개혁 정책을 실시했다.

초대 · 25

이황의 삼촌인 이우李堣, 1469~1517는 중종반정에 참여해 청해군靑海君에 봉해졌고 호조 참판을 지낸다. 이황의 형인 이해李瀣, 1496~1550는 대사헌의 지위에 오른다. 이황 자신은 우리나라의 가장 위대한 학자가 된다. 그래서 진성 이씨는 경상도에서 명문 집안이 된다.

이황의 아버지는 이식李埴, 1463~1502이란 분이다. 이황이 태어나자 아버지가 일찍 돌아가셨다. 그 때문에 춘천 박씨朴氏인 어머니로부터 평생 아비 없는 자식이란 소리를 듣지 말라는 훈계를 듣고 가슴에 새겼다. 아버지의 부재가 이황에게는 일생 동안 조심히 사는 이유가 되었다. 이황은 7남 1녀 중 막내아들이었다. 이황을 잉태했을 때 춘천 박씨가 공자가 집에 찾아온 꿈을 꾸었다 해서 그 집 대문을 성림문聖臨門, 공자가 오신 문이라고 한다. 공자의 정신을 직접 전수받았다는 것을 뜻한다.

반면에 이이는 덕수德水 이씨다. 덕수는 현재 경기도 개풍군이다. 덕수 이씨는 이돈수李敦守란 분이 시조다. 이이의 재종조부인 이기李芑, 1476~1552·이행李荇, 1478~1534·이미李薇, 1484~? 형제는 당대의 훈구파 세력의 실권자였다. 서인의 중심인물인 심의겸沈義謙, 1535~1587의 할아버지의 동생인 심봉원沈逢源, 1497~1574은 이이의 할머니의 이모 동생이었다. 비록 이이는 이들과 정치적 지향점이 달랐지만, 집안은 대대로 녹을 먹는 집안이었다. 이황 집안은 사림파 쪽에 가까운 반면, 이이 집안은 훈구파 쪽에 가까웠다. 이이는 신사임당이 동해의 선녀가 신선 같은 어린아이를 품 안에

던지는 꿈을 꾸고 임신이 되었고, 태어나기 전날에는 검은 용이 바다에서 침실 쪽으로 날아와 마루 사이에 서려 있는 꿈을 꾸었다고 한다. 그래서 어렸을 때 이름을 현룡이라고 지었다.

이이의 아버지는 이원수李元秀, 1501~1561란 분으로 평범한 가장이었다. 이이의 어머니 신사임당은 예술적 재능이 뛰어났다. 신사임당은 평산 신씨인데, 주나라의 기초를 다진 주공周公의 어머니인 태임太任을 본받는다는 의미에서 사임師任이라고 했다. 이이는 4남 3녀 중 3남으로 신사임당의 귀여움을 가장 많이 받았다. 그 형제들이 각기 예술적인 재능이 있었지만, 이이는 그러한 재능보다는 명민한 머리를 가지고 있었고 학문적인 능력도 뛰어났던 것이다. 그러나 이이는 어머니를 16세 때 여읜다. 자신이 의지했던 어머니가 돌아가시자 이이는 마음 둘 곳이 없게 되고, 계모와의 불화로 인해 금강산행을 결심한다. 금강산에 가서 머리를 깎고 중이 되었는가에 대해서는 이론의 여지가 있지만, 그 정도로 상심했던 것은 사실이다. 어머니의 그림자가 이이에게는 짙게 드리웠던 것이다. 이것은 이황과 대비가 된다.

이황과 이이는 모두 어려서부터 부모가 돌아가시는 불운을 겪지만 그에 좌절하지 않고 학문에 힘써 한국의 대표적인 철학자가 되었던 것이다. 주희도 아버지가 일찍 돌아가셨고, 공자와 맹자孟子, B.C.372~B.C.289도 아버지가 일찍 돌아가셨다. 대대로 위대한 학자는 부모님을 일찍 여의는가 보다. 그러나 이황은 기질이 수렴형에 가까웠고, 이이는 발산형에 속한다. 일을 처리할 때

수렴형은 신중하게, 발산형은 과감하게 하는 경향이 있다.

부부와 자식 관계는 다음과 같다. 이황의 부인으로는 김해 허씨, 안동 권씨가 있다. 김해 허씨는 이황의 나이 27세에 죽고, 안동 권씨는 46세에 죽었다. 자식으로는 본부인에게서 두 명의 아들과 첩에게서 한 명의 아들을 두었다. 첫째 아들은 아버지의 속을 많이 썩였고, 둘째 아들은 48세에 가슴에 묻었다. 이이의 부인으로는 곡산 노씨가 있지만 자식이 없었고, 첩에게서 두 명의 아들과 한 명의 딸을 두었다. 이 한 명의 딸이 나중에 율곡 학파를 계승한 김집金集, 1574~1656 의 첩이 된다.

이 밖에 두 사람의 집안 상황을 살펴보자. 흔히 두 사람 모두 청빈하게 살았다고 알려져 있지만, 이는 적절하지 않은 말이다. 이황은 당대에 약간의 토지와 노비를 가진 정도에 불과했지만, 두 부인의 지참금을 통해 많은 노비와 땅을 소유하게 된다. 그 당시는 이러한 것이 관례였기 때문에 그리 흉 될 것이 없다. 이황은 재산 증식에 남달리 관심이 많았다. 일일이 소작료를 계산할 정도였다. 그렇다고 그를 이재에만 관심이 있는 사람으로 생각하면 곤란하다. 이황은 불법적인 수단을 통해서 재산을 증식하지 않았다. 이황의 손자 대에는 노비가 367명, 토지가 1,787마지기 정도였다. 이이도 죽을 때 관이 없어 장례를 치르지 못해 친구나 제자들이

∷ 김집
조선 중기의 학자. 자는 사강(士剛), 호는 신독재(愼獨齋)다. 김장생(金長生, 1548~1631)의 아들로, 율곡 학파의 적자가 되었다.

돈을 모아 장례를 지냈다고 하지만 이이의 외할머니인 용인 이씨가 여섯 살 이이에게 남긴 노비와 집을 보면 가난한 정도는 아니었다. 그리고 이이는 해주에서 집안이 함께 생활할 정도로 경제력이 뒷받침되었다.

다음으로 선배와 붕우 관계를 알아보자. 이황의 선배로는 이언적李彦迪, 1491~1553과 이현보李賢輔, 1467~1555가 있다. 이현보는 관직을 하다가 만년에 처사적인 삶을 살았는데 그것은 이황의 본보기가 되었다. 이언적은 관직에 나아갔다 을사사화 때 유배를 떠나 죽게 되지만 그의 리理를 주로 하고 기氣를 비판하는 태극 논변은 이황에게 영향을 미쳤다. 이황의 친구로는 김인후金麟厚, 1510~1560, 이문량李文樑, 1498~1581, 송기수宋麒壽, 1507~1581 등이 있다. 김인후는 전라도 출신으로 성균관 유생 시절에 만났다. 말하자면 고시 입시 동기생이다. 그래서 아주 친했다. 기대승奇大升, 1527~1572이 이황과 사단칠정 논쟁을 벌일 때 김인후에게 자문을 구했다. 이문량은 이현보의 맏아들이다. 이황은 이문량과 같이 술자리 하거나 집을 짓는 문제 등을 상의한다. 이황의 수제자인 황준량黃俊良, 1517~1563은 이문량의 사위다. 송기수는 고시 합격 동기생이다. 송기수는 충청도 출신으로 주로 관직에 있으면서, 이황에게 정가의 소식을 전해주었다.

이이의 선배로는 백인걸白仁傑, 1497~1579이 있다. 백인걸은 조광조趙光祖, 1482~1519의 뜻을 따르면서, 서인을 옹호하는 역할을 했다. 이이의 친한 친구로는 성혼成渾, 1535~1598, 정철鄭澈, 1536~1593, 송익필宋翼弼, 1534~1599 등이 있다. 성혼은 조광조를 따르는 성수침成守琛, 1493~1564의 아들로 이이의 뜻을 잘 이해했다. 그래서 이이는 선조에게 누차 성혼을 천거했고, 《경연일기》에서는 다른 사람에 대해서는 대부분 비판적인 논조를 가지고 있는 데 반해 성혼에 대해서는 칭찬 일변도다. 정철은 〈관동별곡〉과 〈사미인곡〉의 저자다. 인종의 비의 동생으로, 이이와 교류를 했다. 그는 동서 분당에서 서인을 옹호하기 위해 무리한 옥사를 일으켜 많은 지식인을 죽게 하는 결과를 낳았다. 송익필은 이이와 예를 토론하기도 했지만, 정여립鄭汝立, 1546~1589 사건을 일으켜 많은 사람을 죽게 했다. 이처럼 이황에게는 전국적으로 도와주는 친구들이 있었다면, 이이는 주로 서울 경기 지역에 한정되었다.

다음은 과거 합격을 비교해보자. 이황은 1차 고시인 진사에 28세에 합격하지만 최종 합격인 문과에 합격한 것은 34세였다. 여러 번 떨어졌던 것이다. 병역을 피하려고 향시도 여러 번 보았다는 이야기가 있을 정도다. 이에 반해 이이는 13세 때 진사 초시에 합격하지만, 최종 합격은 29세 때였다. 그사이에 우여곡절이 많았다. 앞에서도 말한 것처럼 어머니가 돌아가신 뒤 금강산에 갔다 왔는데, 21세와 22세에는 한성시에서 연달아 장

:: 성혼
자는 호원(浩源), 호는 우계(牛溪)다. 조선 중기의 학자로, 조광조의 뜻을 따랐던 성수침의 아들이다. 이이와 가장 뜻이 맞는 친구로 천거되었지만, 현실적인 제도 개혁을 주장하지 못했고, 선조의 피난에 함께하지 못했으며, 일본과 화의를 주장하는 등 문제를 야기했다.

원이 되었고, 24세에는 별시 초시에서 장원이 되었다. 그러나 정작 대과에서는 낙방했고, 26세에는 아버지의 상까지 당하게 된다. 3년상을 마친 뒤인 1564년, 마침내 이이는 7월에는 생원과 진사에, 8월에는 명경과에 급제한다. 아홉 번 장원을 한 것은 맞지만 그사이에 여러 번 떨어졌던 것이다. 이러한 사실은 별로 알려져 있지 않다. 모든 시험을 한 번에 붙은 것은 아니었다. 이황이 둔재 스타일로 노력형의 대표적인 인물이라면, 이이는 아홉 번 장원을 할 정도의 천재 스타일로 마음만 먹으면 쉽게 하는 형으로 이해할 수 있다.

이황은 1501년에 태어나서 1570년에 돌아가셨다. 당시 70세는 매우 장수한 나이였다. 이황은 건강이 좋지 않아서 양생법에도 관심이 있었다. 그는 명나라 주권朱權, 1378-1448이 쓴 《활인심방活人心方》이란 책을 가지고 수양을 했다. 《활인심방》은 도교의 수련법을 쉽게 해설해 도인 체조로 활용할 수 있게 만든 책이다. 반면에 이이는 1536년에 태어나서 1584년에 돌아가셨다. 49세는 장수했다고 볼 수 없다. 국가의 질병을 고치는 데 주력했지만, 자신의 질병에는 관심을 쏟지 않았던 것이다.

이황의 학문적 생애에서 중요한 계기는 23세부터 《심경》을 읽은 것과 43세 때부터 《주자대전》을 읽은 것이다. 《심경》은 일반적으로는 불

▪▪ 진덕수

자는 경원(景元), 희원(希元), 호는 서산(西山)이다. 주희가 죽은 다음에 주자학을 옹호해 주자학이 관학이 되는 데 힘을 썼다.

교의 《반야심경》을 뜻하지만, 유학에서는 송 대 진덕수眞德秀, 1178~1235가 성리학에서 실천 수행에 관련된 글을 모은 것을 가리킨다. 명 대 정민정程敏政, 1446~1499이 여기에 주석을 붙여《심경부주》를 출판했다. 이황은 정민정이 육왕학자임에도 불구하고, 《심경》이 가진 의의를 적극적으로 인정했다. 마음 공부의 필요성을 인정했기 때문이다. 《주자대전》은 주희의 문집이다. 당시 학계는 주희의 문집을 읽을 수준이 못 되었다. 이황은 이 책을 들고 산에 들어가서 주자학의 진수를 밝혀내었다. 주희의 서신에 담긴 깊은 의미를 천착했던 것이다. 이황은 일생 동안 주희를 흠모했고, 그 책이 너무 방대해 요약본인《주자서절요》를 만들었다.

이이의 학문적 생애에서 중요한 계기는 30세 때 이황과 기대승의 편지를 본 것과, 34세 때《동호문답》을 지은 것이다. 30세 때 이이는 이황과 기대승의 사단칠정에 관한 편지를 보고, 이황을 비판하고 기대승을 옹호하는 글을 짓는다. 이는 이이가 학문적 입론을 세운 것을 뜻한다. 34세 때 이이는 홍문관 교리로 한 달 동안 동호에서 독서를 했는데, 그 결과물이《동호문답》이다. 이 책에는 조선의 정치적 사회적 문제를 해결하려는 이이의 고민이 담겨 있다. 이 뒤로 이이는 이러한 문제에 전력해,〈만언봉사〉등을 내놓는다.

■■ 정민정
자는 극근(克勤), 호는 황돈(篁墩)이다. 육구연(陸九淵, 1139~1192)을 따르는 학자로, 왕양명(王陽明, 1472~1528)의 시험 감독관이었다.

이황의 묘소는 경상북도 안동시 토계동 건지산 남쪽 봉우리에 있다. 이 묘소의 비석 앞에는 '퇴도만은진성이공지묘退陶晚隱眞城李公之墓'라는 구절이 씌어 있다. '만년에 도산으로 물러난 진성이씨의 묘'란 뜻이다. 지위와 격식을 생략한 아주 간략한 비문이다. 옆면과 뒷면에는 자명自銘과 기대승이 지은 묘갈문이 있다. 1576년 문순文純이라는 시호가 내렸다. 1610년에 문묘에 배향되었는데 김굉필金宏弼, 1454~1504·정여창鄭汝昌, 1450~1504·조광조·이언적과 함께였다.

이이는 경기도 파주시 천현면 동문리의 자운산紫雲山 기슭에 묻혔다. 이 묘소는 특이하게도 이이의 부인의 묘가 맨 위에 있고, 다음에 이이의 묘가 있다. 이이의 묘비에는 '문성공율곡선생지묘文成公栗谷先生之墓', 부인의 묘비에는 '정경부인곡산노씨지묘貞敬夫人谷山盧氏之墓'라고 씌어 있다. 이이가 먼저 죽고, 이이의 부인은 임진왜란 때 자살 혹은 왜군에 의해 살해되었다고 한다. 이황과 이이 모두 부부 합장 형태가 아니다. 이이의 묘소 아래에 1615년에 이이의 제자인 김장생이 중심이 되어 자운 서원을 설립했다. 1623년에 조정은 문성文成이라는 시호를 내렸고, 1682년숙종 8년에는 문묘에 배향되었으나, 뒤이은 정치적인 격변 탓에 1689년에 철향되었다가 1694년에 복향되는 우여곡절이 있었다. 성리학자가 문묘에 배향되는 것은 사후의 목표라고 할 수 있다. 게다가 자기네 학파의 시조가 배향되는 것은 더욱더 중요한 문제였던 것이다.

가장 많이 알려진 이황의 저작으로는 《퇴계집》이 있다. 《퇴계집》은 상당히 양이 많아 크게 다섯 개 판본이 있다. 1600년에 나온 경자본, 1650년에 나온 의경자본, 1724년에 나온 중간본, 1843년에 나온 교정본 등이다. 이들의 정본화 작업이 이제야 이루어지고 있는 상황이다. 이이가 쓴 《율곡전서》는 1814년 해주에서 간행된 판본이 비교적 완벽하다. 이황처럼 많은 글을 남기고 있지 않은 탓이기도 하다. 그 밖에 노자에 대한 주석서인 《순언醇言》이 있는데, 이는 1580년경에 완성된 것으로 보인다. 전서에는 빠져 있다가, 홍계희洪啓禧, 1703~1771가 1750년경에 김집의 후손에게서 구해 활자로 인쇄되었다.

이외에도 대표 저작으로 이황은 《성학십도聖學十圖》를, 이이는 《성학집요聖學輯要》를 들 수 있다. 《성학십도》나 《성학집요》는 모두 '성학'이란 용어가 들어가 있다. 성인의 학문이라는 뜻이다. 여기서 성인이란 공자를 가리킨다. 공자의 뜻을 기준으로 삼는다는 말이다. 공자를 성인으로 높이는 것은 송 대 성리학의 특징이다. 성리학은 송 대 유학이 불교와 도교에 대항해서 만들어 낸 학문이다. 송 대 이전의 유학에서는 단순히 도덕 실천적인 의미로서의 유학밖에 존재하지 않았다. 불교나 도교의 형이상학이 유학에는 없었던 것이다. 그래서 송 대 유학자들은 리와 기라는 개념을 통해 유학의 형이상학을 새롭게 구축하려고 했다. 서구에서는 송 대 이후의 유학적 경향을 네오컨퓨셔니즘Neo-Confucianism이라고 한다. 컨퓨션이란 공자의 라틴어 이름인 콘푸시우스Confucius에서 나온 말이다. 네오컨퓨셔니즘은 신유학이란 말로 번역될 수 있다. 불교의 부처Buddha, B.C.563~B.C.483나 도교의 상제上帝가 아니라 공자가 이상적인 표준이 된 것이다. 이 신유학의 완성자가 주희다. 그래서 주희를 따르는 학문을 주자학이라고 한다.

《성학십도》는 성인의 학문에 관한 열 개의 그림과 글이다. 이황이 이것을 선조에게 올렸다. 선조는 인종과 명종을 이어서 왕이 되었다. 인종과 명종 때는 앞에서 이야기한 사화가 계속된 시기였다. 막 왕이 된 선조는 훈구파 내지는 기득권 세력과 신진 사대부 세력 사이에 놓이게 되었다. 이러한 상황에서 이황이 선조에게 결단을 촉구하는 그림과 글을 올린 것이 《성학십도》다. 이때가 1568년으로 임금에 오른 지 1년이 된 선조의 나이는 17세, 이황은 68세였다. 노학자가 자신의 정력을 바쳐 만든 소책자를 올린 것이다. 이 책자를 올리기 전에 이미 이황은 선조에게 상소문을 올리기도 하고, 경연에서 강의도 했다. 경연이란 임금과 신하가 모여서 국사를 논하기도 하고, 임금이 신하로부터 유학에 대한 강의를 듣는 자리다. 그런 상황에서 이황은 선조의 생각이 확고하지 않다는 것을 알게 된 것 같다. 그래서 결단을 촉구하는 뜻에서 이 책자를 올린 것이다. 이 그림은 선조에 의해 족자로 만들어졌다. 1.〈태극도太極圖〉, 2.〈서명도西銘圖〉, 3.〈소학도小學圖〉, 4.〈대학도大學圖〉, 5.〈백록동규도白鹿洞規圖〉, 6.〈심통성정도心統性情圖〉, 7.〈인설도仁說圖〉, 8.〈심학도心學圖〉, 9.〈경재잠도敬齋箴圖〉, 10.〈숙흥야매잠도夙興夜寐箴圖〉가 그것이다. 그런데 굳이

열 개를 선택할 이유는 없었다. 중복되는 내용이 있음에도 이황은 완전한 수에 맞추어 열 개를 고른 것이다. 이황은 〈소학도〉와 〈대학도〉가 중심이고, 〈태극도〉와 〈서명도〉는 기준이고, 나머지는 효과라고 설명한다. 이에 대해 이이는 《성학십도》 가운데 〈대학도〉에 대해 문제를 제기했고, 〈인설도〉가 〈심학도〉 앞에 나와야 한다고 주장해, 이황은 이이의 말을 받아들여 수정했다.

《성학십도》가 그림과 글로 되어 있다면 《성학집요》는 글로만 되어 있다. 《성학집요》는 경전과 역사책 가운데 학문과 정사에 절실하고 요긴한 말을 뽑아 차례로 분류해 다섯 편으로 나누어 편찬한 글이다. 우선 본문이 있고, 거기에 대한 자신의 견해를 첨부하는 형태로 되어 있다. 《성학십도》가 주로 개인의 수양과 관련되었다면, 《성학집요》는 수기修己에다 경세적인 측면이 부가되었다. 이 책은 《대학》을 표본으로 삼아 3강령 8조목에 따라 분류를 하고 있다. 1편은 〈총론〉으로서 《대학》의 3강령에 해당하고, 2편의 〈수기〉편은 명명덕에 해당하고, 3편 〈정가正家〉와 4편 〈위정爲政〉은 신민新民에 해당하는데 이를 제가齊家와 치국평천하治國平天下로 설명하고, 5편 〈성현도통聖賢道統〉은 결론에 해당한다. 이전에 송 대 진덕수의 《대학연의大學衍義》도 이러한 방식을 택하고 있는데, 이이는 이 책이 분량이 너무 많고 문장이 핵심을 가리키지 않고 나열하는 문제점을 가진다고 지적한다. 이이는 이황과 대비되는 자신의 철학적인 주장을 이 책에 수록하고 있다.

그 밖에 이황의 저작으로 특기할 만한 것으로 《송계원명리학통록宋季元明理學通錄》이다. 이 책은 남송시대 주희부터 원, 명 대 초기까지의 철학자 500여 명의 언행을 기록했다. 이는 황종희의 《명유학안》과 《송원학안》에 비해 100여 년 전에 만들어졌다. 이 책의 특징은 주희와 주희의 제자들에 대해서 상세한 고증을 통해 서술하고 있다는 점이다. 이황은 주희 제자들 간에 자나 호가 같은 학자들을 구분하고 주석을 달고 있다. 이러한 고증의 엄밀성은 지금의 중국이나 일본 학자도 이 책을 인용하고 있는 것으로 증명된다. 아울러 육구연과 그의 제자들을 자세하게 언급하고 있는 점도 눈에 띈다. 육구연을 이단으로 보고 있지만, 그렇다고 학술사 연구에서 빼지 않고 있는 것이다. 그리고 엽적葉適, 1150~1223과 같은 공리주의자도 소개하고 있다. 또한 원 대와 명 대 학자에서 오징吳澄, 1249~1333과 진헌장陳獻章, 1428~1500을 주자학자로 들고 있는 점이 눈에 띈다. 오징과 진헌장은 심학 계열의 학자로 분류되고 있다. 원 대와 명 대 학자들을 소개하고 있는 것은 그의 연구가 당시까지의 학술을 총결산하려는 의도로 이루어진 것이기 때문이다. 원 대와 명 대에 대한 연구를

:: **엽적**

남송 대 학자. 자는 정칙(正則), 호는 수심(水心)이다. 영가(永嘉) 출신이다. 진량(陳亮, 1143~1194)과 더불어 일의 효과와 결과를 중시했다.

:: **오징**

원 대 학자. 자는 유청(幼淸), 호는 초려(草廬)다. 숭인(崇仁) 출신이다. 심학 계열의 학자다.

:: **진헌장**

명 대 학자. 자는 공보(公甫), 호는 백사(白沙)다. 신회(新會) 출신이다. 왕양명에 앞서 심학을 주장했다.

조선의 학자가 정리한다는 것은 조선을 넘어서 동아시아 차원에서 의의가 있는 것이다.

이이의 저작으로는 《격몽요결擊蒙要訣》을 들 수 있다. 여기서 격몽은 어린아이의 우매함을 격동시켜서 깨운다는 의미가 있다. 한 걸음 더 나아가서는 어리석음을 스스로 물리친다는 의미도 있다. 전자가 수동적이라면, 후자는 능동적인 의미다. 이 책에서 중요한 것은 제례에 대한 내용이다. 돌아가신 날 드리는 기忌제사와 1년에 네 번 지내는 시제時祭에 대해 상세하게 기술하고 있다. 《격몽요결》은 인조仁祖, 1595~1649 때 팔도의 지방 향교에 배포될 정도로 조선사회에서 기준이 되었다. 이 책은 《소학》을 우리 식으로 재정리한 것이다. 《소학》이 철학적인 측면이 많다면, 《격몽요결》은 의례에 관한 절차적인 측면이 많다. 이이의 예에 대한 관심은 뒤에, 율곡학파로 하여금 예에 대한 관심을 불러일으켰다. 김장생의 《가례집람》, 이재李縡, 1680~1746의 《사례편람》은 율곡학파의 대표작이다. 《주자가례》 연구가 조선 시대에 많았는데 이것은 성리학을 민간에 전파하고 생활화해 학술과 일상생활을 접목하는 작업이라고 볼 수 있다. 사단칠정 논의는 사람마다 개인의 도덕성에 치중하고 특히 지배층의 덕목 수양이 중요하지만, 의례 상복 논쟁은 심성 이외의 의례로 사람들의 일상 행위를 약속시키고 압력을 주어 착하게 살도록 유도한다. 공자의 '박문약례'란 말이 있다. 글을 널리 이해하고, 예로 축약한다는 말이다. 이처럼 유학에서는 예를 최종 목표로 삼고 있다.

李滉

만남
MEETING

李珥

만남 1

사단칠정 논쟁

　이황과 이이의 철학에 대해서 이야기하자면 대부분 사단칠정에 관한 것이다. 어떤 행위가 더 행복감을 주거나 심리적 보상을 주는지를 알기 위해 선악 논쟁을 벌인 것이 사단칠정 논쟁이다. 조선시대에 사단칠정 논쟁은 왜 일어났는가? 유학의 정서 체계를 만들겠다는 것이다. 유가는 불교의 선악 관점과는 다른 선악 관념체계를 구성했다. 불교에서는 재시, 법시를 베풀고 죽은 영혼들을 천도시켜 주었다. 반면에 유가는 내세관보다는 현세에 중점을 두고 선악 행위를 구별하는 도덕체계를 정착시키려 했다. 그래서 성리학의 최종 목표가 선비라면 성인이 되는 것이고, 일반인은 선악을 구별하고 선을 실천하는 것이었다. 선행을 하는 것을 인간의 사명감처럼 인식시키고, 마음속에 입력시키려 했던 것이다.

이황과 이이는 사단과 칠정에 대해 서로 다른 주장을 펼쳤다. 우선 이황은 사단과 칠정에 대해서 분리를 내세운다. 사단은 리理가 발동한 것이고, 칠정은 기氣가 발동한 것이라고 한다. 이에 반해 이이는 사단과 칠정의 관계는 분리가 아니라 포함이라고 한다. 칠정 가운데 사단이 포함되어 있다는 것이다.

이황의 사단칠정

사단칠정 논쟁은 이황과 그의 제자인 기대승 사이에서 이루어진 논쟁이다. 정지운鄭之雲, 1509~1561 이란 분이 동생에게 성리학의 개념들을 설명하기 위해서 《천명도설》을 그린다. 그림으로 그리면 쉽게 배울 수 있기 때문이다. 그곳에서 그는 "사단은 리에서 발동하고 칠정은 기에서 발동한다〔四端發於理 七情發於氣〕"고 썼다. 이것을 이황에게 보이자, 이황은 "사단은 리가 발동한 것이고 칠정은 기가 발동한 것이다〔四端理之發 七情氣之發〕"라고 고쳐준다. 정지운은 사단칠정을 주어로 삼았는데 이황은 철학자답게 리기에 중점을 두고 문장을 수동문에서 능동문으로 고쳤다. 이것을 본 기대승이 문제를 제기하면서 사단칠정 논쟁이 벌어진다. 기대승은 사단과 칠정은 모두 리와 기가 함께하는 것이지 사단은 리, 칠정은 기에서 나오는 것이라고 말할 수 없

:: 정지운

자는 정이(靜而), 호는 추만(秋巒)이다. 김안국(金安國, 1478~1543)의 제자로, 이황과 교류했다. 《천명도설》을 만들었다.

다고 주장한다. 이러한 비판을 받아들여 이황은 사단은 리가 발동해 기가 따르고〔理發而氣隨之〕, 칠정은 기가 발동해 리가 탄다〔氣發而理乘之〕는 말로 자신의 학설을 고치고 논쟁은 끝나게 된다.

이 논쟁은 1559년에서 시작되어, 1566년에야 끝이 날 만큼 오랫동안 지속되었다. 그러면서도 이황과 기대승은 서로 간 예의에 어긋나지 않았다. 특히 이황과 기대승의 나이는 스물일곱 살 차이가 난다. 이황이 논쟁을 시작할 때 59세였고, 기대승은 32세였다. 60대 노학자와 30대 젊은 소장학자의 논쟁이었다. 지금과 같은 민주주의 사회에서도 제자가 감히 스승의 학설에 이의를 제기하는 것이 어렵다. 이러한 현실에 비추어 볼 때 이황은 대단한 인격자임에 틀림없다.

사단은 《맹자》에 나오는 말로, 측은지심, 수오지심, 사양지심, 시비지심을 말한다. 어린아이가 우물에 빠졌을 때, 아무런 이익을 고려함이 없이 구하려는 마음이 측은지심이다. 수오지심은 자신의 잘못을 부끄러워하고 남의 잘못을 미워하는 마음이고, 사양지심 혹은 공경지심은 자신을 낮추고 남을 공경하는 마음이고, 시비지심은 도덕적으로 시시비비를 가리는 마음이다. 이것을 통해 도덕적인 본성을 알 수 있기 때문에 사단이라고 한다. '단'이란 실마리〔緖〕란 뜻과 시작〔始〕이란 뜻, 두 가지를 가지고 있다. 대부분의 학자는 실마리로 해석한다. 실마리를 따라가다 보면 마침내 실패를 찾듯이 사단을 궁구하다 보면 네 가지를 미루어서 타고난 본성을 알 수 있다는 말이다.

사랑 이외에 고등한 인지적 감정에는 어떤 것이 있을까? 가능한 후보로는 죄책감, 수치, 당황함, 관용, 자부심, 질투, 시기 등이 있다. 기본 감정과 달리 근본적으로 사회적인 감정이라는 것이다. 우리는 생명이 없는 대상이나 인간이 아닌 동물을 두려워하거나 혐오할 수 있다. 그러나 이에 비해 사랑이나 죄책감 같은 감정이 존재하려면 나 이외의 다른 사람이 있어야 한다. 동물 사냥에 대해 죄책감을 느끼는 사람도 있고, 애완동물을 사랑한다고 주장하는 사람도 있지만, 죄책감이나 사랑은 그런 목적을 위해 진화한 것이 아닌 듯하다. 고등한 인지적 감정은 선조들이 점점 복잡해지는 사회 환경에 대응할 수 있도록 자연선택에 의해 만들어진 것처럼 보인다.

 딜런 에번스Dylan Evans , 《감정》, 이소출판사 , 2000 , 41쪽

 폴 그리피스Paul Griffiths란 학자는 인간의 고등한 인지적 감정을 사랑, 수치감, 죄책감, 당황함, 자부심, 질투, 시기 등으로 제시한다. 여기서 질투, 시기 등을 제외하면 사단과 거의 비슷하다는 것을 알 수 있다. 인지적이라고 하는 것은 지적인 요소와 관련 있다는 것이다. 다만 그리피스는 이것을 자연적으로 우러나오는 것이 아니라 사회적으로 선택된 것이라고 주장한다.
 칠정은 《예기》에 나오는 것으로, 기쁨〔喜〕, 분노〔怒〕, 슬픔〔哀〕, 즐거움〔樂〕, 사랑〔愛〕, 미움〔憎〕, 욕망〔欲〕 등을 말한다. 사단이 도덕적인 감정이라면 칠정은 일반적인 감정을 뜻한다.

에크먼은 학습되지 않은 감정들을 '기본감정'이라고 불렀다. 기본감정이 얼마나 되는지에 대해서는 견해가 엇갈리지만 기쁨, 고통, 공포, 놀람, 혐오가 포함된다는 데는 어느 정도 합의가 이루어져 있다. 기본 감정이 존재하지 않는 문화는 없다. 나아가 기본 감정은 학습되지 않는다. 기본 감정은 인간의 두뇌에 새겨진 영구 회로와도 같다.

같은 책, 21쪽

폴 에크먼Paul Ekman, 1934~ 이란 학자는 인간의 기본 감정을 기쁨, 분노, 고통, 공포, 놀람, 혐오 등으로 설명한다. 에크먼은 이러한 감정은 배우지 않고 저절로 표현된다고 한다. 이러한 점은 오히려 사단과 비슷하다. 맹자에 따르면 사단을 배우지 않고 인간이 가지고 있는 선천적인 감정이라고 주장한다. 사단과 칠정이 인간의 보편적인 감정에 의거하고 있음을 알 수 있다. 다만 그것이 사회적이냐 자연적이냐가 현대의 학자들과 차이가 날 뿐이다. 이는 도덕이 어떻게 결정되느냐와 깊은 상관성을 갖는다.

리와 기는 과거에는 중요한 개념이었지만, 지금은 쓰이지 않는다. 일리나 조리가 있다거나 감기, 기가 막힌다 등의 일상적인 언어에서나 쓰일 뿐이다. 그 개념의 유래를 알아보자. 리는 선진시대에는 옥에 난

:: 폴 에크먼
임상 심리학자. 캘리포니아 주립 대학교 명예 교수. 2009년 《타임》지가 세계에서 영향력이 있는 100인으로 선정.

무늬, 결 등을 의미하다가 점차로 발전해 개별적 법칙을 의미하고, 나아가서는 법칙을 포괄하는 원리로 확장되었다. 그것이 송대에 들어와서는 마땅히 있어야 할 본래의 모습을 의미하는데, 주로 도덕적인 원리나 법칙을 뜻하게 되었다.

기氣는 제사를 지낼 때 나무를 잔뜩 쌓아놓고 불을 질러 하늘에 제사를 올리는 모습을 본뜬 것이다. 그리고 《장자》에는 아지랑이 같은 것도 기氣라고 했다. 기는 매우 포괄적인 것으로 처음에는 숨(호흡)을 뜻하다가 점차로 생명으로 발전했다. 생명은 숨과 관련을 맺는 것이라고 여겨졌다. 중국뿐만 아니라 인도, 그리고 서양에서도 숨을 생명의 근원으로 여기는 사고가 동시에 존재했다. 동양은 그 전통이 계속되었고, 서양은 끊어졌다. 생명이 숨과 관련된 이후 오장육부로 연결되었고, 그것은 다시 사람의 몸으로까지 확장되었다. 또다시 사람뿐만 아니라 동물, 식물까지 확장되고, 더 나아가 사회, 국가, 우주까지 확장되었다. 그래서 기는 모든 존재를 설명하는 수단이 되었다. 내용적으로 확장되었을 뿐만 아니라 깊이에 있어서 심층화되었다. 나중에는 기炁는 기氣와 구분하려고 원元 이란 글자를 더 넣어 원기元炁라고 했는데, 원기는 근원적인 기, 또는 선천先天의 기를 뜻한다.

송 대 이전에는 기가 중심이고 리는 그에 부속되었는데, 송대 이후에는 리와 기가 함께 논의되고, 리가 중심적인 역할로 바뀌었다. 현상 사물을 설명하는 데는 기가, 그것의 도덕적인 원리나 법칙을 설명하는 데는 리가 쓰였던 것이다.

이황은 사단과 칠정을 병행(혹은 대립) 관계로 보았다. 그래서 "사단은 리가 발동한 것이고, 칠정은 기가 발동한 것이다"라고 주장한다. 사단은 리가 드러난 것이고, 칠정은 기가 드러난 것이라는 의미다.

사단과 칠정을 리와 기로 설명하려는 시도는 조선의 이황이 최초로 개념화한 것이다. 중국에서도 이러한 규정이 있지만, 분명하게 제시하지 않았다. 주희도 "사단은 리의 발동이고, 칠정은 기의 발동이다"라고 했지만(주자어류), 권53~83, 다음 문장에서 "희로애락애오욕은 인의와 비슷하다"고 함으로써, 사단과 칠정을 리와 기로 분속하는 것에 대해 명백한 결정을 내리지 않고 있다. 우리나라의 경우 조선 전기에 이미 권근權近, 1352~1409이나 유숭조柳崇祖, 1452~1512에게서 사단과 칠정의 문제가 나타난다. 권근은 《입학도설》에서 사단의 원천은 리, 칠정의 원천은 기에 두는 그림을 그리고 있고, 유숭조는 《대학십잠》에서 "리가 움직여 기가 끼면 사단의 정이고, 기가 움직여 리가 되면 칠정의 정이다"라고 해 사단과 칠정을 구분한다. 이러한 이전의 연구에 대해 이황은 이를 계승하지 않은 자신의 작품인 것을 강조한다.

∷ 권근
자는 가원(可遠), 호는 양촌(陽村)이다. 조선 초기의 학자로, 정도전(鄭道傳, 1342~1398)과 함께 조선 왕조의 이념을 수립했지만, 정치적 견해에서는 뜻을 달리했다.

∷ 유숭조
자는 자는 종효(宗孝), 호는 진일재(眞一齋)다. 조선 중기의 관학파 계통의 학자로, 조광조를 천거했다.

나는 시골의 촌스런 학자로서, 그들이 서로 베껴 쓰고 있는 학설에 대해 전혀 들은 것이 없었다. 그런데 지난해 국학의 책임大司成을 맡고 있을 때, 유생들이 익히는 것을 보니, 대부분 그 학설을 이용하고 있었다. 시험 삼아 널리 구해 얻어가지고 여러 주장과 합해보니, 진실로 이해할 수 없는 부분도 있고, 사람의 뜻을 민망하게 하는 부분도 많이 있었다. 잘못 보고 꼬치꼬치 캐다가 뜻을 그르치고 글자 풀이에 얽매여 의미를 왜곡한 곳이 많아 그 폐단을 다 구해내지 못할 지경이었다. 유독 이른바 '사단칠정을 리와 기에 분속시킨다'는 말은 보지 못했다.

지금 도표 가운데 분속시킨 것은 본래 정지운에게서 나온 것이었으나, 또한 그가 어디에서부터 이를 받았는가를 알지 못해, 처음에는 퍽 의심스럽게 생각했다. 몇 해 동안 마음속에서 깊이 숙고한 뒤에 확정하긴 했으나, 여전히 (방증이 될 만한) 선유의 설을 얻지 못해 꺼림칙했다. 그런데 그 뒤 주희설로 증거를 삼은 연후에야 더욱더 자신을 가졌을 뿐이지, 서로 베껴 쓰고 있는 학설에 근거한 것은 아니다.

《퇴계집》, 권16, 〈답기명언〉

이황이 사단과 칠정을 리와 기로 나누어 설명하려고 하는 것은, 사단은 순수하고 칠정은 그렇지 않다고 하는 것에 기인한다. 사단은 도덕적인 감정이기 때문에 순선무악한 것이고, 칠정은 감정 일반을 가리키기 때문에 선한 경우도 있고 악한 경우도 있다. 사단은 완전한 것이고, 칠정은 불완전한 것이다. 그래서 이황은 리와 기에 분속시켰던 것이다.

측은惻隱, 수오羞惡, 사양辭讓, 시비是非 등 사단은 어디에서 발동해 나온 것이겠습니까? 인의예지仁義禮智 라는 본성에서 발동해 나온 것입니다. 기쁘고[喜], 화나고[怒], 슬프고[哀], 두렵고[懼], 사랑하고[愛], 미워하고[憎], 욕구하는[欲] 등 일곱 가지 감정은 어디에서 발동해 나온 것이겠습니까? 이런 칠정이란 바깥 사물들이 우리 몸의 감각 기관을 통해 들어와서 마음을 움직이는 것이니까 다시 말해 마음이 바깥 대상에 다가가서 나타나는 감정입니다.

옛날에 맹자가 사단은 마음에서 발동해 나온 것이라고 말한 것을 보면 마음이란 분명히 리理와 기氣 들을 합한 것입니다. 그런데 맹자가 주목한 것은 마음의 리와 기 가운데 리입니다. 왜냐하면 인의예지의 본성은 마음속에서 순수한 채로 있는데, 사단이 순수한 본성이 있다는 것을 보여주는 실마리이기 때문입니다.

칠정의 발현에 대해 주희도 칠정에는 본래 당연한 도덕적 원칙이 있다고 말한 것을 보면 칠정에도 리가 없는 것은 아닙니다. 그렇지만 주희가 주목한 것은 기입니다. 왜냐하면 바깥 사물이 들어와서 쉽게 먼저 감동시키는 것은 우리 몸의 감각 기관을 이루는 기인데, 칠정이 이런 과정을 보여주는 싹이기 때문입니다.

그렇다면 마음속에 있는 순수한 리가 발현하자마자 기와 섞인 것도 있고, 또는 바깥 사물에 감동받은 기가 발현할 때 리로 바뀐 것도 있습니다. 그런데 어찌해 발현되어 나온 근원을 무시하고 발현된 결과만 보고 리와 기 모두가 본래부터 마음속에 있는 본체라고 둘을 구분하지 않으십니까?

《퇴계집》, 권16, 〈답기명언〉

사단과 칠정은 내용적으로도 사단은 리를 위주로 하고[主理], 칠정은 기를 위주로 한다[主氣]. 위주로 하다는 것은 핵심적 역할을 하는 주체에 주목하고 주체가 관계하는 것을 통제한다는 것이다. 따라서 사단과 칠정은 각기 다른 발동을 한다는 것을 뜻한다. 이는 정지운이 말한 것에서 한 걸음 더 나아간 것이다. 리에서 발동한 것[發於理]과 리가 발동한 것[理發]이라는 의미는 다르다. 리가 발동한 것이라고 하는 것은 리의 운동성을 강조한 것이다. 그런데다 이황은 사단은 본성에서 발동하는 것이고, 칠정은 사람이 감각 기관을 통해 바깥 대상을 보고 듣고 느끼고 다시 생각하는 관계에서 일으키는 감정들을 발동하는 것이라고 주장한다.

그런데 사단과 칠정이 나누어질 수 있는가 하는 것이 문제다. 칠정을 일반적인 감정이라고 말했지만, 기뻐할 때 기뻐하는 것도 도덕적이라고 말할 수 있다. 사단도 도덕적인 감정이라고 말하지만, 시비를 가리는 것이 지나쳐 사람의 관계를 상하는 일이 있을 수 있다. 절도나 기준에 맞지 않는 경우는 사단도 도덕적인 것이 아니게 되고, 절도에 맞는 경우는 칠정도 도덕적인 것이 된다. 이러한 경우 사단과 칠정의 구분 자체가 모호하다.

기대승은 이러한 문제점을 이황에게 제기한다.

> 자사는 이른바 온전한 것(칠정)을 말했고, 맹자는 사단을 정情에서 골라내었습니다. 왜냐하면 사람의 마음이 아직 발동하지 않으면 본성이라고 말하고, 이미 발동했으면 정이라고 말하니, 본성은 선善하지 않음이 없고, 정은 선악이 있으니, 이것은 진실로 그러한 이치입니다. 그런데 사단과 칠정을 구별하더라도 칠정 밖에 별도로 사단이 있다는 것은 아닙니다. 현재 선생께서 만약 사단은 리에서 나왔기 때문에 선하지 않은 것이 없으며 칠정은 기에서 나왔기 때문에 선과 악 모두 있다고 주장하셨습니다. 이것은 리와 기를 쪼개서 두 가지로 구분한 것이기 때문에 칠정은 본성에서 나오지 않고 사단은 기를 타지 않는다고 해석할 수도 있습니다. 이렇게 보면 선생의 말씀에는 잘못이 있습니다. 그래서 후학인 저로서는 의문을 갖지 않을 수 없습니다.
> 《퇴계집》, 권16, 〈답기명언〉, 〈부기명언비사단칠정분리기변附奇明彦非四端七情分理氣辯〉

기대승은 사단과 칠정을 서로 무관한 병행관계로 놓을 수 없다고 주장한다. 사단과 칠정은 대립관계가 아니라 사단이 칠정의 일부분인 포함관계라는 것이다. 사단이 칠정의 일부분이지만 둘은 서로 평등한 감정임을 주장하는 것이다. 그리고 리와 기는 분리할 수 없다고 주장한다. 현상 사물에는 리와 기가 함께 있는 것이지, 리 따로 기 따로 있는 것은 아니라는 것이다.

이러한 문제 제기에 대해 이황은 사단과 칠정은 의미도 다르고 근원도 다르다고 주장한다. 본성에도 본래의 순수한 도덕적인 본성과 기질이 영향력을 발휘하는 기질적인 본성이 있듯이 감정에도 사단과 칠정이 있다는 것이다. 근원에서 사단은 본연지성과 같은 짝이며, 칠정은 기질지성과 같은 짝이라는 것이다. 의미에서도 사단은 리를 주로 하고, 칠정은 기를 주로 한다고 주장한다.

결국 이황은 사단과 칠정의 대립관계는 없앨 수 없다고 하면서도, 기대승의 문제점을 받아들여 자신의 학설을 수정한다. 그래서 "사단은 리가 발동해 기가 따르고, 칠정은 기가 발동해 리가 탄다"고 주장한다. 이것을 설명하기 위해 사람과 말의 관계를 비유적으로 사용한다.

> 옛사람이 사람이 말을 타고 출입하는 것으로 리가 기를 타고 유행하는 것을 비유했는데 설명이 참으로 좋습니다. 대개 사람은 말을 타지 않으면 멀리 출입할 수 없고 말은 사람이 아니면 길을 잃습니다. 사람과 말이 서로 없어서는 안 되고 서로 떼어놓을 수 없는 관계입니다. 그런데 사람이 말을 타고 가는 모습을 보면 세 가지 경우로 나누어 말할 수 있습니다. 첫째, 넓게 가리켜서 '간다'고 하면 사람과 말을 포함해서 말한 것입니다. 이것은 사단과 칠정을 하나로 포함해 말하는 것과 같습니다. 둘째, '사람이 간다'고 말하면 말을 함께 말하지 않았더라도 말을 포함한 것입니다. 이것은 사단만을 말하는 것과 같습니다. 셋째, '말이 간다'고 말하면 사람을 함께 말

하지 않았더라도 사람을 포함한 것입니다. 이것은 칠정만 말하는 것과 같습니다.

《퇴계집》, 권16, 〈답기명언〉

사단은 사람이 가면 말이 따른다고 볼 수 있다. 여기서 '따르다'는 복종해 주인의 뜻을 따라 실행한다는 뜻이다. 칠정은 말이 가는데 사람이 탄다. 여기서 '탄다'는 리가 올라탄다는 말로, 얹혀져 있다는 뜻이다. 사단은 리가 드러나는데 기가 복종하고, 칠정은 기가 드러나는데 리가 얹혀져 있다는 의미다. 여전히 이황은 자신의 사고를 관철하고 있다. 사단은 리와 기가 함께하지만 주도권은 리에 있고, 칠정은 리와 기가 함께하지만 주도권은 기에 있다는 것이다.

이에 대해 기대승은 사단은 리가 발동한 것이지만, 칠정은 기가 발동한 것으로 볼 수 없다고 하는 수정안을 제기한다. 칠정 가운데 절도에 맞는 것은 사단과 마찬가지로 리가 발동한 것이라고 볼 수 있다는 것이다. 이는 사단은 리가 발동한 것이라는 이황의 주장을 수용한 듯하지만, 칠정은 리와 기가 함께 발동한 것이고, 칠정 이외에 사단을 분리하지 않는 점에서 자신의 입장을 수정하지 않은 것이다. 이렇게 7년간의 논쟁은 서로의 입장을 확인한 채 끝났다.

이황의 사단-리, 칠정-기라고 하는 도식은 사단과 칠정, 리와 기의 관계 설정에서 나온 것이다. 사단과 칠정을 구분하지 않으면 리와 기를 하나로 보는 것이고, 그것은 기에 대한 리의 우위를 인정하지 않은 것이다. 그것은 조선의 성리학적 건국 이념, 곧 리가 기보다 앞서고〔理先於氣〕리가 우월하고 기는 열등하다〔理優氣劣〕는 주자학의 기본 노선을 부정하는 것이다. 고려 시기의 불교적인 사고는 기를 중심으로 삼는 마음〔心〕에 기초한 사고이고, 그 때문에 고려가 망했다는 것이 성리학의 관점이다. 따라서 리를 우위에 놓아야 한다는 것이다.

이이의 사단칠정 비판

이황과 기대승의 사단칠정 논쟁은 기대승이 이황의 주장을 인정하는 선에서 끝난다. 이것에 다시 불을 지핀 것은 이이였다. 이이는 이황과 기대승의 논쟁을 지켜보고 있었다. 당시에는 이황과 기대승의 논쟁이 학계의 중심 화제로 떠올라, 많은 학자 그들의 편지를 옮기고 베껴 쓰는 형태로 돌려 보았던 것이다. 이때 이이는 29세의 젊은 학자였다.

> 내가 강릉에서 있을 때, 기대승이 이황과 사단칠정을 논한 편지를 보았다. 이황은 '사단은 리에서 발동하고, 칠정은 기에서 발동한다'고 했다. 기대승은 '사단과 칠정은 원래 둘이 아니다. 칠정 가운데 리에서 발동한 것이 사단일 뿐이다'라고 한다. 왕복한 글이 만여 자가 되도록 서로 합치하지 않았다. 나는 '기대승의 주장이 바

로 나의 뜻에 합치한다. 대개 본성에는 인의예지신이 있고, 감정에는 희로애락애오욕이 있을 뿐이다. 인의예지신 오성 이외에 다른 성이 없고, 칠정 이외에 다른 정이 없다. 칠정 가운데 인욕이 섞이지 않고 순수하게 천리에서 나온 것이 사단이다'라고 생각한다.

《율곡전서》, 권14, 〈논심성정〉

23세 때 이미 이이는 이황을 직접 도산으로 찾아가서 만난다. 그 당시에 이이는 이황에게 성인이 되는 공부에 대해서 물었다. 그런데 사단과 칠정에 대한 논의는 없었다. 아마도 젊은 학자가 대학자를 비판한 것은 예의가 아니라고 생각해서 질문하지 않은 것 같다. 그 이후에도 이이는 이황에게 다섯 번에 걸쳐서 편지를 보냈다. 그때 이이는 과거 시험에 떨어져서 풀이 죽은 상태에서 이황에게 조언을 구하고 있다. 이이는 평생 아홉 번이나 장원을 했지만 과거 시험에서 매번 붙은 것이 아니라 여러 번 떨어졌다. 재미있는 것은 이 편지가 이황의 문집에는 나오지만, 이이의 문집에는 나오지 않는다는 점이다. 아마도 이이의 제자들이 문집을 편찬하는 과정에서 삭제한 것 같다. 그리고 이황은 이이에게 "불교에 발 들인 것을 탄식하지 마시오"라는 시를 보내고 있다. 이이가 금강산에서 불교에 빠진 것을 후회하자, 그것을 위로하는 시다.

이이가 이황의 사단칠정에 대해서 문제 삼은 것은 이황이 죽고 난 뒤의 일이다. 이이는 성혼과 논쟁하면서 이황을 비판한다. 성혼이 이황의 입장을 지지하는 듯한 발언을 하자 이이는 이를 비판한다.

> 이황의 정밀하고 엄밀한 논의는 최근 (비길 만한 사람이) 없었습니다. 그러나 '리가 발동하고 기가 따른다'는 주장에는 리가 앞서고 기가 뒤선다는 약간의 오류가 있습니다. 이황 선생이 돌아가시기 전에, 나는 이 말을 듣고 마음속으로 그 잘못을 알았습니다. 다만 나이가 어리고 학문이 얕아 감히 질문해 귀일점을 찾지 못했습니다. 매번 이것을 생각할 때마다, 안타깝게 여기지 않은 적이 없었습니다.
>
> 《율곡전서》, 권10, 〈답성호원〉

이이는 이황을 비판하면서 기대승을 옹호한다. 사단과 칠정의 관계는 대립관계가 아니라 포함관계라는 것이다. 칠정 가운데 리에서 발동한 것이 사단이라고 한다. 이는 절도에 맞는 것이 사단이라는 것이지, 칠정 이외에 달리 사단이 존재하지 않는다는 주장이다. 그러나 기대승처럼 사단을 리가 발동한 것이라고 하는 타협된 주장을 하지 않는다. 이 점이 기대승과 이이가 다른 점이다. 이이는 기대승의 원칙을 고수했다. 사단이나 칠정 모두 기가 발동한 것이라고 하는 원칙을 주장한다. 그렇게 된다면 이황의 사단은 리를 주로 한 것이고, 칠정은 기를 주로 한 것이라는 주장도 폐기된다. 사단이나 칠정 모두 기가 발동해 리가 탄 것이 되기 때문이다.

이황이 사단을 본성에서, 칠정은 바깥 대상과의 관계 속에서 나오는 것이라고 하는 주장에 대해 이이는 사단칠정 모두 대상과의 관련 속에서 나오는 것이라고 주장한다.

《주역》에서는 '고요해 움직이지 않다가 바깥 사물이 자극하면 마음이 사물에 가서 통한다'라고 했습니다. 비록 성인의 마음이라 하더라도 외부의 자극을 받지 않고서는 저절로 반응할 수는 없습니다. 일반 사람도 반드시 자극을 받아야 반응하며, 자극하는 것은 모두 바깥 사물입니다. 어째서 이렇게 말하겠습니까? 부모에게서 자극을 받으면 효성스러운 감정이 반응하고, 임금에게서 자극을 받으면 충성스러운 감정이 반응하며, 형에 자극을 받으면 공경하려는 감정이 반응하니, 부모와 임금과 형이란 것은 외부의 대상이지 어찌 마음속에 있는 리이겠습니까? 천하에 어찌 자극 받지도 않고서 마음속에서 저절로 일어나는 정이 있겠습니까? …… 이제 측은히 여기는 감정을 예로 들어 말한다면, 어린아이가 우물에 빠지려 하는 것을 본 뒤에야 측은한 마음이 일어나니, 자극하는 것은 어린아이이며, 어린아이는 바깥의 사물이 아닙니까? 어찌 어린아이가 우물에 빠지려 하는 것을 보지 않고서도 저절로 측은히 여기는 감정이 일어나는 경우가 있겠습니까?

《율곡전서》, 권10, 〈답성호원〉

이이는 측은지심의 경우도, 이황의 주장처럼 직접 본성에서 발동하는 것이 아니라, 우물에 빠지려는 아이라는 대상을 보고

난 뒤에 그것을 측은히 여겨서 구하려는 마음이 생긴다고 한다. 더 나아가서 이이는 사단이 칠정으로 환원이 된다고 주장한다.

> 칠정이 사단을 포함하는 것을 당신은 아직도 알지 못했는가? 대체로 사람의 정이 마땅히 기뻐해야 할 때 기뻐하고, 상을 당해서는 슬퍼하고, 친한 이를 보고서 사랑하고, 이치를 보고서 궁구하고, 현명한 자를 보고서는 그와 같이 되려고 하는 것은(이상은 희애애욕喜哀愛欲의 네 가지 정이다) 인仁의 단서다. 마땅히 성내야 할 때 성내고, 마땅히 미워해야 할 때 미워하는 것은(로오怒惡의 두 가지 정이다) 의義의 단서다. 존귀한 이를 보고서 두려워하는 것은(구懼의 정이다) 예禮의 단서다. 기뻐하고 노하고 슬퍼하고 두려워할 때를 당해 마땅히 기뻐하고 노하고 슬퍼하고 두려워할 바를 알고(이것은 시是에 속한다), 또 마땅히 기뻐하지 말아야 할 바와 노하지 말아야 할 바와 슬퍼하지 말아야 할 바와 두려워하지 말아야 할 바를 아는 것은 (이것은 비非에 속한다. 칠정을 합해 옳고 그름을 아는 정이다) 지智의 단서다. 선한 정이 발동하는 것은 낱낱이 들 수 없으나, 대개가 이와 같다. 만약 사단으로써 칠정에 맞추어 보면 측은히 여기는 마음은 사랑에 속하는 것이고, 부끄러워하고 증오하는 마음은 미워함에 속하고, 공경하는 마음은 두려워함에 속하고, 시비를 가리는 마음은 기뻐하고 분노하는 것이 마땅한가 그렇지 않은가를 아는 것에 속한다. 칠정 밖에 달리 사단은 없다.
>
> 《율곡전서》, 권10, 〈답성호원〉

이이의 주장을 요약해 칠정을 인간의 본성에 배당하면 다음과 같다.

희喜, 애哀, 애愛, 욕欲 － 인仁
로怒, 오惡　　　　　－ 의義
구懼　　　　　　　　－ 예禮
시是, 비非　　　　　－ 지智

사단과 칠정의 관계는 다음과 같다.

측은지심惻隱之心　－애
수오지심羞惡之心　－오
공경지심辭讓之心　－구
시비지심是非之心　－희, 로

이러한 배당은 부자연스럽다. 왜냐하면 욕은 배당되지 않았고, 공경하는 마음은 반드시 두려움과 상관이 되는 것이 아니라, 사랑과도 연관이 된다. 사랑하는 마음이 없으면 공경하는 마음도 없기 때문이다. 이러한 배당은 사단이 칠정을 벗어나서 존재하는 것이 아니라는 이론에 따라 억지로 나눈 것에 지나지 않는다.

반면에 이황은 칠정을 사단에 분배하는 것을 인정하지 않았다. 그는 사단은 인의예지와 상관이 된다고 하며, 칠정은 오행에 분배한다.

인 — 측은지심　　희, 애 — 목木
의 — 수오지심　　락 — 화火　욕 — 토土
예 — 사양지심　　구 — 금金
지 — 시비지심　　애 — 수水

이황에게서 인이 나머지 의, 예, 지를 관통하듯이, 측은지심이 수오, 사양, 시비를 관통한다. 측은한 마음이 곧 사랑하는 마음이고 그것이 모두를 관통하는 것이다. 칠정에서 욕은 토에 속하지만 토가 나머지 목, 화, 금, 수에 있지 않음이 없듯이, 욕도 마찬가지다. 감정에서 욕망이나 욕구가 가장 기본에 깔리는 것이다.

이이는 사단의 독립성을 인정하지 않고, 칠정 가운데 절도에 맞는 것이 사단임을 주장한다.

|제자 김진강의 질문| 감정의 발함이 비록 절도에 맞지 않더라도 만약 선을 위해 발한 것이라면 선한 감정이라고 말할 수 있습니까?
|이이의 대답| 그렇지 않다. 선과 악의 구별은 다만 절도에 맞는지 [中] 아니면 절도에 지나치거나 못 미치는지 [過不及] 여부에 달려 있을 뿐이다. 절도에 맞는 것에서 벗어나자마자 곧 모두 선하지 않은 감정이라고 말한다.
|질문| 선한 감정에는 얕은 것과 깊은 것이 있습니다. 얕은 것이 비

록 절도에 못 미쳤다 하더라도 사실 선한 쪽의 감정인데, 한데 뭉뚱그려 선하지 않은 감정이라고 말하는 것은 타당하지 않은 것 같습니다.

|대답| 감정이 발할 때에 마땅히 얕아야 할 경우에는 얕고 마땅히 깊어야 할 경우에는 깊어야 하니, 이것이 바로 절도에 맞는 감정이다. 두터이 해야 할 곳에는 마땅히 10분의 정을 쏟아야 하는데 만약 5~6분만 쏟는다면, 이것을 절도에 못 미친〔不及〕 감정이라고 한다. 얇게 해야 할 곳에는 마땅히 5~6분의 감정을 쏟아야 하는데, 만약 10분을 다 쏟는다면, 이것도 역시 절도에 지나친〔過〕 감정이다. 이것들은 다 선하지 않은 감정이다. 만약 어린아이가 우물에 빠지려 하는 것을 보고서 미친 듯이 달려가 손으로 건져낸다면 곧 절도에 맞는 감정이지만, 다만 서서 지켜보기만 하면서 '가엾다'고 말할 뿐이라면, 비록 냉담한 자보다는 낫지만 역시 선하지 않은 감정이라고 말할 수 있다.

《율곡전서》, 권31, 〈어록 상〉

제자는 이황 식으로 동기가 선하면 선한 감정이라고 볼 수 있다고 주장하는 데 비해서 이이는 객관적인 기준이 있고 그것에 맞아야만 선한 감정이라고 주장한다. 감정이 얕다고 해서, 선하지 않은 것도 아니고, 깊다고 해서 선하지 않은 것도 아니다. 감정의 층차에도 각기 기준이 있는 것이다.

사단칠정의 철학적 의미

이황이 사단과 칠정의 분리를 주장한다면 이이는 사단은 칠정이 절도에 맞는 것이라고 주장한다. 이황과 이이 모두 칠정이 아니라 사단에 초점을 맞추고 있다. 결국 사단이라고 하는 도덕적인 감정이 일반적인 감정과 어떤 관계를 맺는가에 따라 논지가 결정된다. 이황은 도덕적인 감정의 독자성을 주장한다. 이는 도덕적이라고 하는 것이 시대와 상관없이 동기가 타당하면 옳은 것이라고 하는 사고라고 할 수 있다. 반면에 이이는 도덕적인 감정은 시대적인 기준에 따라 결과적으로 결정된다고 하는 사고라고 할 수 있다. 동기와 결과, 도덕의 사회성이 문제가 될 수밖에 없는 것이다. 남녀칠세부동석이 전통시대에는 도덕적인 행동으로 분류되었지만, 지금은 남녀칠세자동석이라는 말로 표현되듯이, 과거의 사고가 반드시 도덕적인 사고는 아니다. 그러나 인간에 대한 애정과 배려는 시대와 상관없이 지켜야 할 도덕적인 사고다.

　이황은 사단이 나의 본성에서 발현한다고 주장하고, 이이는 외적인 대상에 대해 나의 마음이 발현한다고 주장한다. 전자는 내적인 발동을, 후자는 외적인 발동을 주장한다. 내적인 발동이든 외적인 발동이든 사단의 마음은 자극과 반응의 관계 속에 들어 있지 않다. 오히려 자극하는 타자와 반응하는 주체 바깥에 있다. 분명 그것은 나의 마음을 매개로 해서 발현되지만 측은지심이라고 불리지, 성性 혹은 리理라고는 불리지 않는 것이다. 여기서 측은지심이 갖는 고유한 자리에 주목할 필요가 있다. 그것은 안과 밖을 모두 가능하게 하는 자리인 것이다.

사단칠정 논쟁이 중국이 아니라 조선에서 이루어졌다는 것은, 중국 사유와 한국 사유의 차이점으로 부각될 수 있는 지점이다. 이것은 조선 유학자들이 중국 유학자들보다 현실적인 감정에 더 주목했다는 특징을 보여주기 때문이다. 서양과는 달리 동양은 공부론적 특징이 강하다. 공부란 기본적으로 주어진 자신을 바람직한 인격으로 만들려는 주체의 노력이다. 이 점에서 공부란 이념의 현실화라고 규정될 수 있다. 본성과 감정 개념을 빌리자면 공부란 본성[性]의 현실화이고 감정[情]의 이성화라고도 할 수 있다.

그렇다면 문제는 되고자 하는 이상 인격, 혹은 그 가능성의 하나로서 본성이 어떤 함의를 가지느냐에 있다. 다시 말해 성리학에서 본성으로 설정된 인의예지라는 이념이 아직도 우리에게 바람직한지의 여부는 검토되어야 할 숙제다. 그러나 본성의 현실화 혹은 감정의 이성화라고 할 수 있는 공부론의 형식 면에서 동양철학은 아직 우리에게 의미가 있다.

만남 2

리의 자발성

이황은 리의 자발성이 있다고 하고, 이이는 리의 자발성이 없다고 주장한다. 리의 운동성 여부가 두 사람을 판별하는 기준이 된다.

이황의 리동설

이황은 사단칠정을 리와 기에 배당한다. 사단은 리의 발동, 칠정은 기의 발동이라고 주장한다. 이는 리기가 서로 발동한다는 주장이다. 전문적인 용어로는 리기호발설理氣互發說이라고 한다.

그런데 문제는 기의 발동이 아니라 리의 발동이다. 기의 발동은 자연스럽다. 왜냐하면 기가 운동성을 가지는 것은 당연하기 때문이다. 원래 운동이란 빈 공간을 상정한다. 하나의 지점에서 다른 지점으로의 운동을 의미한다. 그러나 여기서 운동이란 그런 물리적인 운동이 아니라 성장활동을 포함하는 포괄적인 개념을 뜻한다. 기가 원래 가지는 뜻이 생명이기 때문에, 생명의 성장활동을 염두에 둔다면 기의 운동성은 인정할 수밖에 없다. 문제는 리의 자발성을 인정한다는 점이다. 리는 앞에서도 지적한 것처럼 마땅히 그러해야 할 것으로서의 도덕적인 원리를 뜻한다. 이 원리가 움직인다는 것은 원리임을 포기하는 것이다. 예를 들면 원리는 법칙적인 의미를 갖는다. 사물은 운동해도, 법칙은 운동하면 안 된다. 해가 동쪽에서 떠서 서쪽으로 진다고 옛날 사람들은 믿었다. 어느 날 이러한 법칙이 변해서 해가 서쪽에서 떠서 동쪽으로 진다고 하면 해의 법칙은 무너지고 만다. 법칙은 운동하지 않아야 한다. 정확히 말하자면 변하지 않아야 한다. 그런데도 이황은 사단은 리의 발동이라고 주장한다. 여기서 발동이란 움직인다는 뜻이다. 사단이 리에서 나온다고 하면 말이 되지만, 리가 발동한 것이라고 한다면 말이 되지 않는다. 그럼에도 이황은 이를 조심스럽게 인정한다. 리가 스스로 이른다〔理到〕*는 주장도 한다. 이황도 이를 죽기 바로 전에야 인정할 뿐이다. 리의 자발성을 인정하는 것

:: 리도

리도는 "사물의 리를 탐구하면(格物) 사물의 리가 이른다(物格)"는 《대학》의 구절에서 나온다. 격물치지는 입문이고 결과는 물격지지다. 이 단계를 설정하면 리도는 당연히 설정된다. 이것이 완성된 사람이 성인이다. 리도는 사실상 내 본성의 리가 외물의 리와 합치되는 것이다. 다시 말하자면 외물의 리가 내 마음으로 들어와서 내 본성의 리와 합치되는 상태다.

은 이황에게도 부담스러운 것이라고 생각되었기 때문이다.

주희는 리를 뜻이나 생각의 움직임이 없는 것으로 정의했기 때문에, 이황이 리의 자발성을 인정하는 것은 그를 주자학자가 아니게 만든다는 평가가 있다. 그러나 주희는 다음과 같이 리의 자발성을 인정한다. "맹자가 말한바 '본성이 선하다'는 것은 곧 모두 '리가 선하다'는 말이다. 비록 드러난 곳[發處]에 나가서 말해도, 그것은 또한 리가 드러난 곳[理之發處]에 나가서 말한 것이다." "하늘 아래의 일은 큰 것 작은 것 할 것 없이, 하나의 이름 하나의 사건 할 것 없이 이 '리의 드러나 보임[理之發見]' 아닌 것이 없을 것이다." 이러한 주희의 문구들은 선한 본성이나 만물에 리가 드러난다는 점을 뒷받침한다.

이황에게 리는 선이 자발적인 명령을 내리는 것이다. 그렇지 않다면 리는 언제나 절대 타자의 명령이고 인간은 아바타에 불과하기 때문이다. 리의 자발성을 인정할 경우 천리를 보존하면 저절로 인욕이 제거되는 효과가 따라오게 된다.

리발설에 관한 두 명의 학자들의 견해를 살펴보자. 먼저 현대 미국의 중국철학자 뚜웨이밍杜維明, 1940~ 은 리발의 의미를 다음과 같이 해석한다.

::뚜웨이밍
대만 출신의 중국철학 연구가. 하버드 대학교를 퇴직하고 현재 중국 베이징 대학교 인문고등연구원장을 맡고 있다. 동서 문명 간의 대화에 역점을 두고 있다.

> 리가 발동하게 되면 사단이라는 도덕적 감각(느낌)이 중요한 역할을 하게

되고, 사단이 발휘되는 것은 내부적인 역동성을 지닌 우주적 잠재력이 표현되는 셈이다. 이것은 곧 인간과 자연의 생성을 위해 끊임없이 역동적으로 발출하는 도덕적인 힘이자 창조력의 자율적 중심으로서 리의 위상을 자리매김한다. 그리고 도퇴라는 리의 특징도, 마음의 인식 기능과 마음에 내재하는 리의 적극적 참여가 역동적으로 마주치고 있음을 보여준다.

뚜웨이밍, 〈주희朱熹의 리철 학理哲學에 대한
퇴계退溪의 독창적 해석〉, 《퇴계학보》35호, 1982

리의 발동이 창조적인 힘이고 그것은 인간의 자율적인 도덕 실천과 연관이 된다는 것이다.

그러나 리의 창조적 성격을 강조하다 보면 리의 종교적 성격을 이야기하지 않을 수 없다. 이황의 리동설은 때로는 종교적인 의미로 해석되기도 한다. 이황은 리를 천의 지위에까지 높이고 있다. 리는 절대적 존재로서 사물에 명령하는 주체이고, 사물의 명령을 받지 않는 주재적 존재라는 것이다. 박성배朴性焙, 1933~ 는 이를 적극적으로 해석한다.

그가 믿는 리는 죽어 있는 물건이 아니고 항상 살아서 신비스럽게 일하는 리이며, 그리고 그러한 리가 하는 일은 안 미치는 곳이 없고 일하지 않는

■■박성배
미국의 뉴욕 주립 대학교 교수. 한국의 돈점 논쟁을 해외에 소개하고, 《깨침과 깨달음》 (예문서원, 2002)이란 저서를 냈다.

때가 없기 때문에 이는 우리의 눈에 보이는 모든 것, 우리의 귀에 들리는 모든 것, 우리의 손에 만져지는 모든 것이 하나도 빠짐없이 모두 리의 나타남이라는 말이다. 그러므로 항상 일상적인 현실을 떠나서 따로 리를 찾고 경을 한다면 이는 큰 잘못이 아닐 수 없다. 이처럼 윤리와 철학과 종교가 혼연히 한 몸이 되어 유기적으로 살아 움직이고 있는 세계가 바로 퇴계의 경지다.

박성배, 〈퇴계사상의 종교적 성격〉, 《퇴계학 연구논총9》, 10~11쪽

하지만 리의 자발적인 운동은 인간 개체의 적극적인 자기 수양을 통한 리의 실현에 논점이 있지, 리가 신적으로 작용하는 것이라고 볼 수 없다. 오히려 개체가 이전과 달리 리가 자신의 주인이 되어 자신을 부리는 것처럼 현상하게끔 자신을 수양했다는 것을 강조해야 할 것이다. 신처럼 보이는 것은 이 개체가 항상 개별자[物]가 있든 없든 간에 존재하는 리를 따르게 되었기 때문이다. 가령 측은지심은 리가 작동하는 것처럼 보이지만, 측은지심을 가진 개체가 없다면 전혀 무의미하다. 신처럼 보이는 것은 이 개체가 주체적인 자기 수양을 통해 존재론적인 성숙을 달성했다는 것을 의미한다.

이이의 리무위설

이에 비해서 이이는 리의 자발성을 전혀 인정하지 않는다. 그는 이황의 리기호발설을 다음과 같이 비판한다.

첫째, 리기호발설은 리기가 서로 발동하는 것이고 그것은 리기가 분리됨을 의미한다. 그는 리기의 분리를 좀 더 구체적으로 설명한다.

> 만약 (리기가) 서로 발용한다고 말하면, 리가 발용할 때, 기는 혹 미치지 못한 경우가 있고, 기가 발용할 때, 리가 혹 미치지 못한 경우가 있다. 이와 같으면 리기는 떨어지고 합치고, 앞서고 뒤섬이 있다. 동정에 단초가 있고, 음양에 시작이 있다. 잘못됨이 적지 않다.
>
> 《율곡전서》, 권10, 〈답성호원〉

이이에 따르면 리기가 함께 발동해야 되는데, 이황의 리기호발론은 리와 기 중 어느 것 하나가 먼저 발동하면 다른 하나는 나중에 뒤따르는 선후의 문제가 생긴다. 리와 기는 논리적으로 선후가 있지만, 현실적으로는 선후가 없다. 리와 기는 함께 작동한다.

둘째, 리기호발설은 리의 발동, 즉 리의 운동(작용)을 인정한다.

> 만약 기가 발동해서 리가 탄다는 하나의 길이 아니어서 리에도 기와는 다른 작용이 있다고 한다면, 리는 무위하다고 말해서는 안 된

다. 그렇다면 공자는 왜 '사람이 도를 넓힐 수 있지, 도가 사람을 넓
히는 것은 아니다'라고 했는가?

《율곡전서》, 권10, 〈답성호원〉

이이가 보기에 이황은 운동을 둘로 나눈다. 리의 운동과 기의 운동이다. 둘의 운동을 인정하는 것은 이론의 경제성에도 문제가 있다. 이이는 자연이나 인간이나 모두 운동은 기에 있다고 주장한다.

천지의 변화는 기가 변화해 리가 타는 것이 아님이 없다. 이런 까닭에 음양이 움직이고 고요한데 태극이 탄다. 천지의 변화가 곧 내 마음의 발동이다. 천지의 변화에 만약 리의 변화, 기의 변화가 있다면 내 마음도 리의 발동, 기의 발동이 있어야 한다. 천지가 이미 리의 변화, 기의 변화의 다름이 없다면, 내 마음에 어찌 리의 발동, 기의 발동의 다름이 있겠는가? 만약 내 마음이 천지의 변화와 다르다고 한다면, 내가 아는 바가 아니다.

《율곡전서》, 권10, 〈답성호원〉

이이는 이황의 리기호발설을 비판하고, 기발리승일도설氣發理乘一途說을 주장한다. 움직이는 것은 기이고 리는 그것에 올라탄다는 하나의 길만을 주장한다. 더 나아가 이이는 리의 무위성을 강조한다.

리는 비록 형체가 없고 작용이 없지만, 기는 리가 아니면 근본할 곳이 없다. 그러므로 형체가 없고 작용이 없으면서 형체가 있고 작용이 있는 것의 주인이 되는 것이 리고, 형체가 있고 작용이 있으면서 형체가 없으면서 작용이 없는 것의 그릇이 되는 것이 기다.

《율곡전서》, 권12, 〈답안응휴〉

이이는 리에 적극적인 의지를 부여하지 않는다. 리는 어디까지나 도덕 원리나 이념인 것이다. 리는 어디까지나 기의 근거일 뿐이다. "대저 (정이 발동하는 데) 발동하는 것은 기다. 발동하는 근거는 리다. 기가 아니면 발동할 수 없고, 리가 아니면 발동하는 근거가 없다."

이황의 비판에서 드러나는 이이의 리기론은 리의 운동을 부정하는 것이다. 그렇다고 그가 리를 부정하는 것은 아니다. 리는 기가 드러날 때에만 발현되는 것으로, 객관적으로 실재하는 것이다. 그는 리와 기의 관계를 다음의 시로 읊는다.

원기가 어찌 시작이 있단 말이냐?	元氣何端始
형상 없는 원기는 형상 있는 만물에 있네.	無形在有形
원기의 근원을 찾아보니 원기가 만물과 하나였다는 것을 알겠네.	窮源知本合
물결치듯 수많은 만물을 따라가 보니 만물의 무형한 원정이 보이는구나.	沿派見群精

형상 있는 물은 모나거나 둥근 만물의	水逐方圓器
그릇 모양을 쫓아가네.	
형상 없는 허공은 크고 작은 병을 따르는구나.	空隨小大瓶
무형과 유형의 두 갈래 길에서 그대는 헤매지	二岐君莫惑
마시오.	
본성에서 감정이 나오는 것은 말로는	黙驗性爲情
할 수 없으니 스스로 깨우치시오.	

여기서 중요한 구절은 "형상 있는 물은 모나거나 둥근 만물의 그릇 모양을 쫓아가네. 형상 없는 허공은 크고 작은 병을 따르는구나"다. 이 구절에서 물과 허공은 리로, 그릇과 병은 기로 비유된다. 리는 기가 어떠한 모습을 가지든 상관없이 기와 하나가 된다. 그런데 이를 기가 주도권을 가진 것으로 이해하는 해석도 있다. 그러나 이이에게 리는 전체적이고 객관적이다.

이이의 리와 기의 관계를 리통기국理通氣局이란 개념으로 설명한다. 리는 통하고(전체) 기는 국한된다(구체적 부분)는 뜻이다. 이이는 리통기국을 스스로 알아낸 것이라고 자부한다. 그러나 통과 국이란 개념은 이미 불교에서 쓰이고 있는 개념이었다. 화엄에서는 본질[理]과 현상[事]의 관계를 통과 국이란 개념으로 쓰고 있다. 성리학의 대부분의 개념이 불교에서 차용되고 있는 것은 분명하다. 이이는 리가 형체가 없는 것이기 때문에 리통이고, 기는 형체가 있는 것이기 때문에 기국이라고 한다. 리는 형이상자고, 기는 형이하자라는 뜻이다.

'리가 통한다'는 것은 무엇을 말하는 것이겠습니까? 리는 본말도 없고 선후도 없습니다. 본말도 없고 선후도 없으므로 '아직 감응하지 아니했을 때에도 먼저인 것이 아니며 이미 감응했을 때에도 뒤인 것이 아닙니다.' 그러므로 기를 타고 유행해 천태만상으로 고르지 아니하나 그 본연의 묘함은 없는 데가 없습니다. 기가 치우치면 리도 역시 치우치게 되나 그 치우친 것은 리가 아니라 기이며, 기가 온전하면 리도 역시 온전하나 온전한 것은 리가 아니라 기입니다. 맑고 탁하고 순수하고 잡박한 것과 찌꺼기·재·거름·오물[糟粕·煨燼·糞壤·汚穢] 가운데도 리가 있지 않은 곳이 없어 각각 그 본성이 되지만 그 본연의 묘함은 손상되지 않고 그대로입니다. 이것을 '리가 통한다'고 하는 것입니다.

《율곡전서》, 권10, 〈답성호원〉

여기서도 치우친 것은 기이지 리가 아니라고 하면서 리의 객관성을 강력하게 주장하고 있다.

'기는 국局한다'는 것은 무엇을 말하는 것이겠습니까? 기는 이미 형체에 관계되기 때문에 본말이 있고 선후가 있습니다. 기의 본체는 담일청허湛一淸虛할 뿐이니 어찌 처음부터 찌꺼기·재·거름·오물 등의 기가 있겠습니까만, 오직 그것이 오르고 내리고 날리면서 조금도 쉬지 않으므로 들쭉날쭉 고르지 않아 다양한 변화가 생깁니다. 이에 기가 유행할 때에 그 본연을 잃지 않는 것도 있고 그 본연을 잃어버리는 것도 있으니 그 본연을 잃어버리면 기의 본연은 이미 있는 데가 없습니다. 치우친 것은 치우친 기요 온전한 기가 아니며, 맑은 것은 맑은 기요 탁한 기가 아니며, 찌꺼기·재〔糟粕·煨燼〕는 찌꺼기·재의 기요 담일청허湛一淸虛한 기가 아니니, 이는 리가 만물 가운데서 그 본연의 묘함이 어디서나 그대로 있지 않은 것이 없는 것과 같지 않으니 이것이 이른바 '기는 국한다'란 것입니다.

《율곡전서》, 권10, 〈답성호원〉

반면에 기는 순수한 기가 있지만, 상황에 따라 순수함을 잃어버린다고 보고 있다. 순수한 기를 본연의 기라고 한다. 이 본연의 기를 인정하는 것에 대해서 후대에 많은 논의가 진행된다.

여기서 이이의 리통기국을 재검토해보자. 리통기국은 엄밀히 말하자면 리통과 기국을 합쳐놓은 것이다. 리통기국은 리일분수, 기일분수에서 각각 하나씩 모아서 합쳐놓은 것이다.

	리	기
정동	리일(리통) 분수리	기일 분수기(기국)

리에는 리일과 분수의 리가 있고, 기에도 기일과 분수의 기가

있다. 리통은 리일의 차원, 기국은 분수기의 차원인 것이다. 나머지는 리일은 기일과, 분수리는 분수기와 대응하는데 이이는 이것을 생략하고 있다. 그리고 이이의 리의 무위성은 리일의 차원이다. 그러나 분수리의 차원에서는 무위성을 주장하기 어렵다. 이에 대한 이이의 논의도 생략되고 있다. 이에 대한 자세한 논의는 뒤에서 하겠다.

그러나 퇴계학파와 율곡학파 일부에서 리의 무위성에 대해서 비판을 했다. 리가 아무런 작용을 하지 않는다면, 기에 의해서 좌우된다는 것이다. 율곡학파 내부에서는 조성기趙聖期 1638~1689, 임영林泳, 1649~1696, 김창협金昌協, 1651~1708 등이 이런 문제점을 제기했다. 김창협은 "리는 비록 감정과 의지 조작이 없다고 말하지만, …… 태만히 주재가 없는 것이 아니다"고 하고 조성기는 "리는 다른 것이 아니고, 다만 천지 만물의 그러한 까닭이다. 그러한 까닭이란 기묘하고 이상한 것이 아니라, 단지 사물에 따라서 사물의 본말 곡절이 되는 신묘함이 되는 근거다. …… 이러한 곳에서 더욱 정밀히 살피고, 마음을 기울여 체험하면, 이러한 리에서 하나의 개별적인 역할을 볼 수 있다. 이것이 어찌 뒤에

⁜ 조성기
조선 중기의 학자. 자는 성경(成卿), 호는 졸수재(拙修齋)다. 리에 대한 논의에서 김창협, 김창흡(金昌翕, 1653~1722)에 영향을 주었다. 당파는 소론이었지만, 노론 김창협과 사이가 좋았다.

⁜ 임영
조선 중기의 학자. 자는 덕함(德涵), 호는 창계(滄溪)다. 당파는 소론이었지만, 노론 김창협과 사이가 좋았다.

현인(이이)이 이른바 비록 '형체가 있고 작용이 있는 것의 주인이 된다'고 하지만, 기의 작용에만 일임해 스스로 주장하는 것이 없는 것과 같겠는가?"라고 한다.

이에 반해 한원진韓元震, 1682~1751은 김창협을 비판하고, 이이를 옹호한다. 그는 리는 무위無爲하면서 무불위無不爲하다고 주장한다. 리는 어떤 작용도 없지만, 그렇다고 해서 아무런 것도 할 수 없는 것은 아니라고 한다. 예를 들면 군주가 어떤 일을 직접 하지 않고, 명령만을 내린다고 해서 주재가 아닌 무위라고는 할 수 없는 것은 신하가 직접 일을 한다고 해서 일을 주재하는 능동이라고 할 수 없는 것과 마찬가지다. 군주는 군주로서의 역할이 있는 것이지 적극적인 활동을 하지 않는다고 해서 무위라고 볼 수 없다는 것이다.

이상과 같은 리의 운동 작용을 둘러싼 논의는 이황과 이이, 그리고 그 이후 학자들에게 계속된 관심 주제였다. 리의 운동성을 주장한 이황과 리의 운동성을 비판한 이이, 이이를 다시 비판하는 김창협, 그리고 이를 다시 비판하는 한원진 등으로 이어진 논쟁 역사가 그것을 잘 보여준다.

:: 한원진
조선 후기의 학자. 자는 덕소(德昭), 호는 남당(南塘)이다. 인물성 이론의 대표적인 학자다. 영조 때의 탕평책에 대해 비판적인 견해를 가지고 있었다.

철학적 의미

이황이 당시 여러 철학자와 다른 특징은 개체 혹은 심心에 대한 접근법의 차이에서 왔다. 예를 들어 이이가 모든 사람에게 일반적으로 통용되는 개체 일반에서 사유한다면, 이황에게는 '나'가 중요했다. 결국 이이가 제3자적 자세를 유지하고 있다면, 이황은 그 자신의 삶을 통해 실천적으로 체득된 이론 체계를 견지하고 있다는 말이다. 이황의 리동설은 강렬하게 '나' 속에 리가 작동하는 것으로 간주하지만, 이이의 리무위설은 그런 조건에서는 '누구나' 도덕 감정이 나온다는 객관주의적 입장을 고수하고 있다.

그 구체적인 예로 칠정 중 하나인 분노에 대한 이황의 접근 방법을 살펴보도록 하자.

> 만약 분노가 다른 사람 때문에 발동한 경우라면 제지하는 것이 쉽지만, 집안사람 때문에 발동하는 경우라면 제지하기 어렵다. 집안사람에 대해 책망하는 바가 본래 무겁고 또 내 수하에 있기 때문에 분노가 심한 데 이르기 쉽고 제지하는 것을 달가워 하지 않는다. 대저 이것 모두 공부가 무르익지 않아서 리가 기를 제어하지 못하고, 정욕에 맡기어 인을 해치는 병통을 면하지 못한 것이다. 10년 동안 두문불출하고 독서하는 즐거움이 있었으니, 이것은 하나의 정이란 글자에 해당시켜서는 안되고, 성정 자기를 합쳐서 보아야 그 무궁한 의미를 알 수 있다.
>
> 《퇴계집》, 권11, 〈답이중구〉

이황은 사단칠정 특히 칠정 중에서 분노의 문제를 자신의 실존적 경험 속에서 고찰하고 있다. 이황에 따르면, 분노가 친근한 사람과의 관련 속에서 표출된다면 억제하기 어렵다. 이황은 단순히 분노라는 일반적 감정을 다루고 있는 것이 아니다. 개별적이고 특수한 상황 속에서 분노에 대한 통찰을 수행하고 있기 때문이다. 우리가 주목해야 할 것은 이황이 분노와 같은 구체적인 감정을 분석하기 위해서, 리나 기라는 범주를 사용하고 있다는 점이다. 이것은 그가 칠정은 본성에서 나온다고 하는 연역적 방식을 선택한 사변적 형이상학자는 아니었다는 점을 말해준다. 다른 예를 하나 더 살펴보자.

> 요즘 평소에 응접하는 사이 점검해보니 세속의 폐습을 따르다가 스스로 잘못을 범하게 된 것이 열 가지 중에 여섯·일곱 가지가 됩니다. 편지에 '처세하기 어려움을 알았다'라든가, 또 '법도의 엄격함을 탄식한다'라든가 '외모가 흐트러지면 마음도 변한다'는 등의 말을 했는데 이것이야말로 우리들에서 작은 병이 아니니 마땅히 고쳐야 합니다. 다만 이것을 고치는 것이 쉬운 일이 아닙니다. 언어로서의 한 가지 일만을 말한다면 그 곡절이 그대의 말과 같습니다.
>
> 《퇴계집》, 권24, 〈답정자중〉

여기서 응접은 관계함을 말하며, 따라서 구체적인 삶의 장에 이황이 개입하고 있음을 말한다. 이런 응접의 상황에서 그는 자신을 철저하게 반성했다. 이것은 그가 사변적 원리나 이념을 맹목적으로 추구했다기보다는 부단히 주자학적 원리를 일상생활 속에 드러난 마음으로 확증하고, 반대로 자신의 드러난 마음을 성찰함으로써 주자학적 원리를 해석하고 있음을 보여준다. 특히 중요한 것은 자신의 드러난 마음, 즉 감정에 대한 이황의 자기 성찰이다. 왜냐하면 이런 사유의 방향이 그로 하여금 사단과 칠정이라는 감정에 주목하게 만들었기 때문이다.

　이상의 예들은 명확히 개념화되지 않았지만 이황의 문제의식과 사유 방식을 보여주는 구절이다. 여기서 우리는 실존적 경험, 나의 경험에 주목하려는 이황의 모습을 알 수 있다. 이처럼 이황은 실존적 경험과 수양을 중시했다. 그렇기 때문에 그는 사칠론에 관심을 가졌다. 사칠론은 삶 속에서 드러날 수밖에 없는 우리의 마음이나 감정의 분류학이기 때문이다. 또한 사칠론에 관심을 가졌기 때문에 그는 리발설을 주장하게 된다. 도덕적 마음으로서의 사단은 인간의 육체적 경향성과 반하는 것이기 때문에, 그것과는 다른 근거에서 유래해야 한다는 것이다. 그래서 그는 사단이란 리에서 발한 것이라고 주장했던 것이다. 이렇듯 이황의 사유 과정은 구체적 실존, 사단과 칠정으로 분류되는 현상적 마음, 그리고 사단과 칠정의 존재론적 근거로 진행된다. 만약 사변적인 관심만을 가졌다면 이황은 기대승과의 논쟁에서 그렇게 자신의 사칠론에 대해 이론적인 변경을 가하지 않았을 것이다. 이황은 자신감을 가지고 있었던 것이다. 자신의 실존에 대한 정확한 반성과 인식은 그로 하여금 그것을 설명할 수 있는 이론 틀에 대해 열린 마음을 가지게끔 했던 것이다.

이상이 서양철학적인 관점에서 본 이황과 이이의 차이점이라면 중국철학적인 관점에서도 생각해볼 수 있다. 중국의 위진 남북조의 현학玄學에서는 귀무론과 숭유론의 대립이 있었다. 왕필王弼, 226~249의 귀무론貴無論은 무無가 유有의 원천이며 또한 항상 유에 영향을 준다고 한다. 그래서 유의 생사 변화를 근본적으로 극복하려면 원천인 무로 돌아가야 한다. 그래서 무위는 정치 사회적으로 국가의 정치가 잘 살고 있는 개인을 간섭하지 말라는 것이다. 이에 반해 배위裵頠, 267~300의 숭유론崇有論은 무와 유는 실제적 영향 관계가 없다. 무가 무라면 철저히 무위가 되어야 하며 무가 유에 영향을 준다면 무가 아니고, 유에 영향을 주는 것은 유라고 강조한다. 그래서 정치사적으로 유위를 강조한다. 이렇게 보면 이황은 귀무론에 가깝고 이이는 숭유론에 가깝다. 그래서 이이는 정치적 참여가 강했고 이황은 국가와 개인이 서로 상관하지 말자고 한다. 이황은 아마도 많은 사화를 겪으면서 국가가 개인을 지나치게 간

:: **현학**
노장 사상과 유가 사상을 섞어서 설명하는 철학 이론이다. 《노자》, 《장자》, 《주역》에 의거해서 이론을 전해했다.

:: **왕필**
자는 보사(輔嗣)다. 현상 세계보다 근원적인 무(無)를 본질로 보았고, 《주역》에서 의리역을 주장했다.

:: **배위**
자는 일민(逸民)이다. 적극적인 경세를 위해서는 무나 무위가 필요 없다고 한다.

섭하는 것이 싫었던 것 같다. 결국 이이의 유의 유위설이 이황의 무의 무위설을 비판한 것이다.

만남 3

인심 도심론

이황의
인심 도심설

이황이 리와 기를 엄격히 구별하는 것은 인심과 도심에서도 잘 드러난다. 인심은 기와 관계하는 것이고, 도심은 리와 관계하는 것으로 파악한다. 그러면 인심과 도심은 무엇인가?

인심 도심은 《서경》〈대우모〉에 나온다. 요堯임금이 순舜임금에게 "그 가운데를 잡아라〔允執厥中〕"고 했고, 순임금은 우禹임금에게 "인심은 위태롭고, 도심은 은미하니, 오직 인심과 도심의 존재론적 구별을 정밀하게 하고, 구체적 인간관계 속에서 한결같이 해서, 그 가운데를 잡아라〔人心惟危, 道心惟微, 惟精惟一, 允執厥中〕"라고 했다. 이는 요-순-우로 이어지는 도통설의 근원이 된다. 그래서 주희는 이것을 열여섯 자로 된 마음의 법칙이라고 한다. 그런데 이 편은 실제로 요순시대의 글이 아니라 한 대漢代

에 나온《위고문상서》에 속한 것으로 판명되었다. 따라서 진위성 여부가 의심된다. 한편 인심 도심에 대한 구절은《순자》에도 나온다. "《도경道經》에서 말했다. '인심은 위태롭고, 도심은 은미하다. 위태롭고 은미한 기미에서, 오직 현명한 군주만이 이들의 차이를 알 수 있다.'" 여기서《도경》이 어떤 책인지는 알 수 없다. 다만 주희가 주장하듯이 요·순·우·탕湯으로 이어지는 진리의 계보에서 나온 것은 아니다.

　이황은 주희를 따라서 인심은 형기의 독자성〔形氣之私〕이고, 도심은 성명의 올바름〔性命之正〕이라고 한다. 이황도 주희를 따라서 인심을 인욕으로 간주하지 않는다. 주희는 인심을 부정적으로 보지는 않는다. 그는 먼저 인심 그 자체는 악이 아니라고 하는 것에 초점을 둔다. 주희가 말하는 인심은 형기의 사사로움이다. 여기서 사사로움이란 모든 인간 각각에게 주어진 개체성을 뜻한다. 비록 개체성이 그 자체로는 개체의 고유성을 의미하지만, 모든 개체가 이 개체성을 가지고 있다는 점에서 철저하게 부정될 수 없는 것이다. 이는 인심을 긍정적으로 본다는 것을 뜻한다. 그런데 정호程顥, 1032~1085와 정이程頤, 1033~1107는 인심을 인욕이라고 규정함으로써 부정적으로 보고 있다. 인심은 사람이 가지는 감각기관에서 비롯되는 것을 뜻하는 것이고, 이 감각기관에서 비롯되는 것을 부정적으로 본다면 상식과 일상을 추구하는 유가의 세계관과 맞지 않는 것이다. 그것은 유가가 비판하는 불교와 도교의 세계관을 따르는 것과 마찬가지다.

그러나 독자적인 욕망은 중성적인 마음이 아니라, 비도덕적인 욕망으로 흐를 우려가 있는 것이기 때문에 위태롭다. 이황은 인심의 근원을 기로 설정하고, 그 기는 여전히 리와 엄격히 구분이 되어야 하기 때문에, 인심이 선한 결과를 가져온다 하더라도, 도심의 선함이 될 수는 없다.

> 인심이라는 이름은 이미 도심과 상대해 설정된 개념이니, 자신 속에서 홀로 가지고 있는 것에 속한다. 홀로 가지고 있는 것이 있다고 말하기 때문에, 이미 한쪽에 치우쳐버린다. 다만 도심으로부터 명령을 들어 도심과 하나가 될 수 있지만, 도심과 완전히 통합해 하나가 된다고 일컬을 수 없다.
>
> 《퇴계집》, 권37, 〈답이평숙答李平叔〉

이황은 도심과 인심의 관계를 도심이 기준이 되어 인심을 주재하는 것으로 나아가지만, 여전히 도심과 인심을 대립적으로 파악한다. 더욱이 그는 도심은 사단으로, 인심은 칠정으로 된다고 한다. 그러나 후에 이황은 이러한 주장이 도심과 인심, 사단과 칠정의 관계를 뒤섞어버리는 것이라고 해서 자신의 주장을 바꾼다. 인심은 치우친 것이지만, 칠정은 그렇게까지 치우친 것으로 볼 수 없다. 정도의 차이를 인정하자는 것이다. 도심과 인심의 차이가 사단과 칠정의 차이보다 크다. 그러나 여전히 이황은 사단과 칠정, 도심과 인심의 각각의 차이를 유지하고 있다.

이이의 인심 도심설

이이는 성혼과 편지를 통해서 인심 도심설에 대해서 토론한다. 성혼은 이황의 입장을 계승해서 이이와 토론한다. 이이는 이황의 이론을 인정하지 않기 때문에 성혼을 비판한다. 앞에서도 살펴보았듯이 이황의 인심 도심설은 도심과 인심을 각각 리와 기에 배당함으로써 그 소종래가 다르다고 한다. 성혼은 한 걸음 더 나아가 도심과 인심은 이미 마음이 발동하기 이전에 두 가지 싹이 있다고 한다. 이이는 이황의 리기호발설과 같은 주장이 도심과 인심의 대립을 강조한 나머지 두 갈래의 마음이 있다고 하는 상황에까지 이르게 된 것이라고 보았다. 그런데 두 마음이라고 하는 것은 주자학적 이론에서는 용납될 수 없다. 왜냐하면 두 마음은 하나의 마음과 또 다른 마음의 존재를 인정하는 것이고, 그것은 주관의 분열로 이어지며, 진정한 자아로 설 수 없는 것이기 때문이다. 이이가 볼 때, 이황의 인심 도심론은 이론적 완결성이 부족했던 것이다.

더 나아가 이이는 "도심은 안에서 발동하는 것이고, 인심은 외부의 감응에서 발동하는 것"이라고 하는 이황의 방식을 절대로 받아들일 수 없었다. 이황의 방식에 따르면 도심과 인심은 원래 마음이 발동하기 이전에 두 갈래의 싹이 있고, 그것이 드러날 때에도 다른 방식으로 나타난다고 한다. 이이에 따르면 도심과 인심은 모두 하나의 마음이 대상에 따라 다르게 드러나는 의식이다. 도심 따로 인심 따로 있는 것이 아니다.

이이는 인심과 도심이 두 마음이 아니라는 것을 더욱더 강조하기 위해 '인심 도심 종시설〔終始說〕'을 주장한다.

> 지금 사람의 마음이 처음에 성명의 바름에서 나왔다가도, 우리가 그것을 선으로 완성하지 못하고 사사로움을 섞으면, 이는 처음에는 도심이나 나중에는 인심으로 마치는 것입니다. 그와 반대로 우리의 마음이 처음에 형기에서 나왔더라도, 그것이 올바름에 어긋나지 않는 경우에는 도심과 다르지 않으며, 또한 처음에는 올바르지 않은 마음이라도 곧 그릇된 줄을 알고서 그 마음을 고쳐서 욕망을 따르지 않으면 이는 처음의 인심이 도심으로 결말을 짓는 것입니다. 왜냐하면 인심과 도심은 정과 의를 겸해 말한 것이고, 정만을 가리킨 것은 아니기 때문입니다. 칠정이란 것은 사람의 마음이 움직일 때에 이러한 일곱 가지가 있다는 것을 통틀어 말한 것이고, 사단이란 칠정 중의 선한 쪽만을 가리켜 말한 것이니, 이런 까닭으로 인심과 도심은 성명과 형기를 상대적으로 말한 것과는 다릅니다. 정은 발한 그대로이고, 비교해 서로 대조해보는 데까지는 이르지 아니한 것이니, 또한 인심과 도심이 서로 시작과 끝이 되는 것과도 같지 않습니다.
>
> 《율곡전서》, 권9, 〈답성호원〉

이러한 도심과 인심의 상호 전환 가능성은 이미 주희에게서 나타나고 있다. "인심으로부터 마음을 수렴하면 도심이고, 도심으로부터 마음을 놓아버리면 인심이다." 이이는 도심과 인심의 상호 전환 가능성을 종시설이라고 주장했다. 도심과 인심이 전환한다고 하는 것은 상황에 따라서 바뀔 수 있다는 것이다. 도심과 인심은 의지적인 점이 강하지만, 그것은 순수한 의지의 문제가 아니라, 상황을 고려해야 한다. 그것은 곧 도덕의 현실적인 기준을 지향하는 것이다. 그 기준에 따라 도심과 인심은 전환할 수 있다.

그런데 마음이 음식과 남녀와 같은 감각적인 대상과 만날 때, 그 대상과 맺는 관계에서 적절한 도리를 취한다면 그 의식은 도덕적인 의식으로 되는 것이다. 여기서 적절함을 취할 수 있게 하는 것은 무엇인가? 이것을 이이는 도심의 명령을 따라 인심을 제어하는 것으로 설명을 한다. 이는 도심의 현실적인 역할을 인정하는 것이고, 이 점에서 이황과 이이는 일치한다.

이이는 도심 인심을 현실에서의 적절한 기준(리)에 따라서 구분하고 있다. 물론 그 기준은 보편적 기준을 벗어나지 않는 것이다. 도덕의 현실적 기준이란 바로 리의 객관성을 의미하는 것으로 연결될 수도 있다.

이이는 인심 도심론을 통해 도심이 그 기준을 상실할 수 있는 현실을 문제 삼고 있다. 도심의 순수성만으로는 부족하다는 것이다. 이이가 원래 이황의 인심 도심론을 공격하는 것은 사단칠정과 관계한 것이기 때문이다. 사단은 도심, 칠정은 인심과 연결하는 것이 이황의 사고라면, 이이의 논점은 다음과 같다.

사단이 칠정에 포섭되듯이 도심이 인심에 포섭되는 것이 아니라, 종시관계다. 그런데 사단과 칠정이 중절 부중절에 따라서 가려진다면, 도심과 인심의 종시관계도 그 기준에 맞느냐에 따라서 가려진다.

이이는 도심 인심과 사단칠정이 일대일로 연결되지 않는다고 주장한다. 그는 사단과 칠정이 감정의 차원이라면 도심과 인심은 감정에 의지가 부가된 것으로 설명한다. 이황은 도심을 단지 의식 차원에서 설명하고 있는 데 비해, 이이는 이를 실현하는 의지까지 포함해서 설명하고 있다. 도덕적인 의식이냐, 아니면 도덕적인 의지냐에 따라서 양자의 차이점이 나타나는 것이다.

이이는 인심 도심 종시설을 주장함으로써 이황의 방식이 가지는 두 마음의 난점을 해결하고자 했다. 그러나 그에게도 문제점이 없는 것은 아니다. 도덕적인 의지(도심)라고 말할 때는 '도덕적'이란 말에 초점을 두어야 한다. 도덕적인 관계를 지속할 수 없다면, '도덕적'이란 말을 쓸 수 없다. 도덕적이란 말을 쓸 때는 처음부터 끝까지 지속성을 가져야 한다. 그런데 이이의 인심 도심 종시설은 동기적인 측면에서의 인심과 도심을 구분하지만, 그것이 결과적인 측면에서 인심과 도심이 전환될 수 있다고 주장함으로써 동기와 결과를 아울러 고려한다. 따라서 동기와 결과를 아울러 고려하는 점에서 문제가 생긴다. 그래서 후에 이이는 인심 도심 종시설을 주장하지 않는다.

결국 이이는 인심이 도심이 되는 경우는 인정하지만, 도심이 인심이 되는 경우는 인정하지 않는다. 그는 도심과 인심이 두 마음의 근원이 있는 것이 아니라, 마음이 드러날 때 달라진다고 보고 있다. 인심과 도심이 어떤 마음에서 발동하고, 그것이 어떤 의지를 갖느냐에 따라서 달라진다는 것이다. 여전히 기가 발동하고 리가 타는 기발리승일도설을 주장하고, 기는 작용하지만, 그 작용의 근거는 리라고 주장한다. 인심 도심설에서도 이황의 논점을 비판하고 있는 것이다. 그리하여 최종적으로 이이는 심성정의일로설心性情意一路說을 주장한다. 마음도 하나이고, 본성도 하나이고, 감정도 하나이고, 의지도 하나라는 것이다. 이는 이황이 모든 것을 둘로 나누어 파악하는 것을 은연중에 비판하는 것이다.

철학적 논점

인심 도심에 관해서 이황과 이이는 모두 자신의 초기 학설을 버린다는 공통점이 있다. 각자 가지고 있는 문제점을 파악해 입장을 전환한 것이다. 그럼에도 두 사람의 차이는 앞에서도 살펴본 바와 같이 리와 기, 사단과 칠정, 리발과 리무위의 차이다. 여기서 인심에 대한 도심의 독립성 여부가 중요하다. 이황은 도심은 리, 인심은 기라고 하는 사고방식이 뚜렷하다. 이이는 도심이나 인심 모두 리와 기가 함께하는 것이고, 그 속에서 어떤 마음과 의지를 갖느냐가 중요하다.

인심과 도심은 한편으로는 구분되면서, 한편으로는 분리되지 않는다. 주희는 인심과 도심이 근원적으로 다르다고 한다. 그는 인심은 형기의 사사로움에서 발동하는 것이고, 도심은 성명의 올바름에서 근원한다고 규정한다. 이러한 규정을 보면 인심과 도심을 서로 다른 것으로 생각하기 쉽다. 그러나 주희는 다음과 같이 말한다.

> 기뻐하고 분노하는 것은 인심이다. 그런데 까닭 없이 기뻐하고 기뻐함이 지나쳐서 막을 수 없는 경우라든가, 까닭 없이 분노하고 분노함이 심해 막을 수 없는 경우는 모두 인심에 의해 부림을 받는 것이다. 모름지기 기뻐할 때 기뻐하고, 분노할 때 분노하는 것이 도심이다.
>
> 《주자어류》, 78~196

인심은 타인과 관련된 마음이다. 인심은 사적인 감정과 생각에 의한 것으로 지나친 경우가 많다. 도심은 다른 마음이 아니라 감정의 적절한 상태, 즉 인심의 올바른 관계 맺음을 의미한다. 여기서 적절함이란 곧 리를 말한다. 리를 따르는 마음이 도심인 것이다. 인심은 감응을 하지만 그것은 리와 무관할 수도 혹은 리에 따라 실현될 수도 있다. 후자의 측면이 바로 도심이다. 도심이 미리 있어 감응하는 것이 아니고, 인심이 타인과 감응했을 때, 그 감응을 적절하게 해나갈 때, 다시 말해 리의 규정을 받으면서 실현됐을 때가, 바로 도심이라고 할 수 있다.

이황은 바로 사단이 도심이 되는 경우에 주목한 것이고, 이이는 인심이 도심이 되는 경우에 주목한 것이라고 할 수 있다. 이황이 개별자에 주목한 것이라면, 이이는 사회적 객관적 인간에 초점을 맞춘 것이다.

인심 도심에서 중요한 것은 공부론이다. 인간은 누구나 욕망을 가지고 있지만, 그 욕망을 제어해야 하는 것이 당연한 일이다. 끊임없이 두려워하는 마음[戒愼恐懼]으로 도덕적인 주체를 완성해 인심을 제어해야 한다. 제어하지 못하면 동물[人欲]의 세계로 나아가게 된다.

경 공부는 송 대에 학자들이 재발견한 것이다. 그들은 이 공부가 공자 때부터 있었다고 주장한다. 그들은 공자가 "거처할 때는 공손하게 하고, 일을 집행할 때는 경건하게 하라"라고 한 말에 주목한다. 여기서 공손함과 경건함은 같은 뜻이다. 공자의 정신을 새롭게 계승했다고 하는 신유학의 정신이 여기에 있다. 북송 시기 주돈이周敦頤, 1017-1073는 주정主靜 공부, 정이와 주희는 경敬 공부를 주장했다. 그러나 이 공부가 불교나 도교에서 왔다고 비판하는 사람들도 있다. 송 대까지 중요시되지 않았는데, 갑자기 등장했으니 그러한 비판도 이유가 없지는 않다. 그런데 불교에서 앉아서 참선하는 것이나 도교의 내단 수련 공부는 의식에서 보다 깊은 무의식의 차원으로 들어가는 것이다. 불교에서 제육식의 기능이 멈추고 제칠식이나 제팔식의 기능이 작동하는 것과 같다. 다시 말하자면 불교의 수양 공부 지관止觀에서는 먼저 전오식前五識과 제육식의 분별 기능을 멈추는 지止, 사마타의 주정 공부를 하고 제팔식의 미세한 분별 능력에 의지해 관觀, 비파사나하는 방편의 지혜를 얻기 때문에 결국 의식을 지혜로 전환한다고 한다. 이때 강력한 제육식의 이성적인 기능은 오히려 궁극적인 차원으로 가는 것을 방해한다. 그것이 정지해야만 마음속 깊은 층차로 내려갈 수 있다는 것이다. 이성의 기능에서 중요한 것이 분별하는 작용이다. 옳고 그름을 따지고 계산하는 작용이다. 따라서 이러한 기능은 자아의 분열된 모습을 초래한다. 이러한 일상적 자아의 모습을 넘어서야 진정한 내면의 자아를 만날 수 있다는 것이다. 도교에서는 하단전의 정精, 중단전의 기氣, 상단전의 신神을 수련해 승화시키는데 먼저 주정 공부를 해 선천의 신비한 광경을 체험해야만 들어갈 수 있다고 한다. 그래서 마음의 본체를 깨닫는 공부〔守靜〕가 중요하다. 그것을 불교나 도교에서는 진면목 또는 참나〔眞我〕라고 한다.

경 공부도 이것과 비슷한 방법이다. 불교나 도교의 수련방법을 배워온 것이라고 생각된다. 그러나 내용은 다르다. 불교나 도교의 경우 도덕적인 것을 벗어나 궁극적인 깨달음을 목적으로 하는 종교적인 지향성이 있지만, 유학의 경우는 철저하게 도덕적인 합리성을 견지하고 있다. 유학은 먼저 도덕적 천리를 내

세우고 정좌해 고요한 마음속에서 떠오르는 염두 하나하나를 분별해 천리면 보존하고 인욕이면 제거한다. 이렇듯 마음이 고요한 상태를 유지하기 위해 경 공부가 필요했다. 그래서 경 공부에는 마음의 고요함과 천리와 인욕을 분별하는 능력 둘을 함께 담고 있다.

송 대 학자들은 경 공부의 방법으로 안〔內〕과 밖〔外〕, 그리고 리理로 나눈다. 안을 향하는 공부로는 두 정 씨(송 대 정호와 정이를 말한다)의 '고요한 상태에서 마음을 하나, 곧 천리에 집중해 다른 인욕으로 옮겨가지 않는다〔主一無適〕', '몸을 곧게 세워서 몸가짐을 가지런히 하고, 마음을 엄숙하게 대하면서 관찰한다〔整齊嚴肅〕'와, 윤돈尹焞, 1071~1142의 '그 마음을 수렴해 고요하게 하며 어떤 염두도 떠올리지 않는다〔其心收斂 不容一物〕'가 있다. 밖을 향하는 공부로는 사량좌謝良佐, 1050~1103의 '항상 깨어 있게 하는 방법〔常惺惺法〕'이 있다. 항상 깨어 있지 않으면 고요한 상태를 관찰할 수 없고 정신 집중이 되지 않기 때문이다. 다시 말해 윤돈은 고요함을 강조했고 사량좌는 엄숙한 관찰을 강조했다. 리에 대한 공부로는 마음이 발동하기 이전의 고요한 상태에서 리를 관찰할 때 늘 삼가고 두려워하는〔戒愼恐懼〕 미발 공부가 필요하다. 이는 마음이 발동하기 전에 마음의 본래 상태인 리에 대해서 경건함을 유지해 함양하는 방법이다. 이러한 함양 공부는 주체성 함양과 관련이 있다. 마음이 발동하기 이전에는 마음을 살필 수 없기 때문에, 컨트롤러로서의 주인공 역할을 길러주어야 한다. 주체를 기르는 공부란 바로 옳고 그름을 판단, 다시 말하자면 천리와 인욕을 분별할 수 있는 기준이 쌓이는 것이고, 그 기준이 자아가 되게 하는 것이다. 주희는 마음이 발동하기 이전과 이후에도 늘 경 공부를 해야 한다고 주장한다. 마음이 발동한 이후에는 마음의 움직임을 살펴야(성찰) 하고, 이전에는 늘 삼가고 두려워하는 자세를 유지해야 한다.

이황은 경敬에 대해서 이야기를 많이 했고, 《성학십도》는 경을 위주로 삼았다고 할 정도다. 여기서 경이란 무엇을 의미하는가? 경이란 경건함을 말한다. 예를 들면 우리는 신이나 어떤 위엄 있는 사람 앞에서 경건한 마음을 갖게 된다. 이 경건한 마음은 기본적으로는 다른 생각을 하지 않는 것이다. 다른 생각을 하면 정신 집중이 되지 않는다. 이러한 정신 집중과 관련된 공부가 경 공부다. 정신 집중은 리를 목적으로 주체성을 기르기 위한 것이다.

공부라고 하니까 일반적으로 책을 열심히 읽는 것이라고 생각하기 쉽다. 그런데 과거의 독서는 지금의 독서와 달랐다. 과거의 독서는 성현의 말씀을 내 마음에 비추어보면서 내 마음이 과연 성인의 옳은 마음과 일치하는지를 살펴보고 일치되도록 고치는 공부다. 공부는 이론을 배우는 것만 아니라, 동작이나 자세를 배우는 것도 포함한다. 중국어로 工夫공부라는 단어와 功夫쿵후라는 단어를 모두 '공푸'라고 읽는다. 공工은 노력한다는 뜻이고 공功은 공工을 들여 이룬 결과를 의미하기도 한다. 공푸工

夫는 공부를 의미하지만, 시간도 의미한다. "너 시간 있니?" 라고 할 때, "니요우공푸? 有工夫?"라고 말한다. 한 번에 이루어지지 않고, 오랜 시간에 걸쳐 공들이는 것을 의미한다.

이황은 이이와 처음 만났을 때도 경 공부에 대해서 질문했다. 이 질문과 대답을 요약하면 다음과 같다.

|이황| 경 공부는 '마음을 하나, 곧 천리에 집중해 다른 인욕으로 옮겨가지 않는다'는 것인데 일들이 한꺼번에 닥쳐온다면 어떻게 하는가?

|이이| '마음을 하나, 곧 천리에 집중해 다른 인욕으로 옮겨가지 않는다'는 경 공부의 요점이고, 만 가지 변화에 아주 많은 각가지 일에 대응하는 것은 경 공부의 활용법입니다. 미리 사태의 이치를 분명하게 하지 않으면 대응하는 것이 잘못되기도 합니다.

경 공부가 사물의 이치를 탐구하는 공부와 병행이 되어야 하고, 그렇지 않으면 대응을 할 수 없다고 하는 것이다. 이황은 이러한 이이의 대답에 만족을 표시한다. 경 공부는 마음이 일어나지 않을 때는 깨어 있어야 하고, 일어났을 때는 사물의 이치를 생각해야 한다고 한다. 그러면서도 이황은 이이에게 '진실이 쌓이면서도 실천이 오래 지속되라'고 충고한다. 이는 이이가 좀 더 실천적인 경 공부를 할 것을 요구한 것이다.

이황과 이이에게 기는 마음속의 그릇된 습관적인 잡념이나 육체 본능에서 나온 욕망이다. 이들에게 마음의 잡념이나 욕망은 천리를 관찰하는 데 장애가 되는 방해물이었다. 잡념이나 욕망은 리를 실현할 수 있는 마음의 순수한 상태를 마련하지 못하게 하는 것이다. 그래서 이황과 이이가 말하는 경건함은 잡념과 욕망을 먼저 억압한 뒤 나중에 제거한다는 두 가지 뜻을 갖고 있다. 경건한 마음을 가지게 되면 잡념과 욕망이 일어나지 않거나 일어나도 충분히 제어할 수 있다고 한다. 이황과 이이는 모두 경 공부를 중시한 점에서, 기를 제어할 수 있는 것은 리에서 온다고 본다. 그러나 이황은 그 리의 움직임을 인정하는 데 비해 이이는 인정하지 않는 점에서 다르다. 이러한 차이는 이론적인 상이점이고, 공부론에서는 별로 다르지 않다.

　이황은 마음의 잡념이나 욕망을 제어하는 과정에서 병이 날 수 있음을 자신의 체험을 통해 알 수 있었고, 그것을 극복하기 위해서는 경 공부 자체도 내려놓을 줄 알아야 한다고 제자에게 충고한다. 다시 말해 경 공부를 지나치게 엄숙하게 하면 욕망을 질식시키는 질욕窒欲이란 병폐를 유발할 뿐만 아니라 천리조차도 질식시켜서 어떤 경우에는 건강을 해칠 수도 있다. 비유하면 더러운 거울을 깨끗이 닦아야 하는데 지나치면 맑은 거울을 망가뜨리게 할 수도 있다는 것이다. 그래서 경 공부를 하더라도 지나치게 제어하거나 방종하지 않는 태도가 필요하다. 경 공부가 목적이어야 하지만 지나치다면 그것도 내려놓아야 한다는 사고에서 이황이 실천한 경 공부의 경지를 알 수 있다.

이이도 마음을 어지럽히는 병통에는 악념과 잡념이 있는데 악념은 나쁘다는 것이 분명하게 드러나기 때문에 오히려 제거하기 쉽지만 쓸데없는 잡념은 더 미세해 나쁘다는 것을 알기 쉽지 않기 때문에 제어하기 어렵다고 한다. 이것을 제어하기 위해서는 마음을 일깨워야 한다. 잡념이 일어나는 것은 자연적이라서 그것을 싫어하지 말고, 가볍게 수습하면 잡념이 그친다는 것이다. 비유하면 맷돌을 갈 때 손잡이를 너무 꾹 누르고 돌리면 맷돌이 돌아가지 않지만 살살 돌리면 잘 돌아가는 것과 같다.

굳이 구별하자면 이이보다는 이황이 좀 더 체험적인 차원에서 접근하고 있다. 이들은 모두 주자학의 경 공부가 불교나 도교의 수양론이 아니라고 주장한다. 불교나 도교의 수양론을 비판하고 있는 것이다. 주자학에서 특징적인 점은 의식의 심층으로 내려가지 않는다는 것이다. 심층 의식으로 내려가게 되면 불교나 도교식의 사고다. 불교와 도교를 비판하고자 했던 주자학은 마음의 깊은 층차 대신에 얕은 수준에서의 사고, 즉 제육식의 이성적 사고가 강력하기 때문에 천리와 인욕을 충분히 분별할 수 있다고 주장하고, 심층 의식을 직접적으로 인식할 수 있다고 하는 것에 대해서도 비판적이었다.

만남 4

이황과 이이의 정치적 입장

이황과 이이는 언로의 확대를 통해 군주의 절대권을 견제하려고 했다. 이러한 사고는 공자 이래로 유가의 전통이며 재상권을 유지하는 정치철학의 바탕이다. 정치 사상사적으로 보면 유가는 '관료-사대부-지식인'의 입장을 대변하는 철학이다. 군주의 상의를 백성에게 하달하고 백성의 하의를 군주에게 상달하는 역할을 담당한다. 유가 지식인은 군주와 백성 사이에서 책임의식을 가지고 이들을 이끄는 역할을 해야 한다는 것이다. 이것은 유가 지식인이 위로는 군주의 독재 정치를 견제하고, 아래로는 백성의 민생 안정에 힘써야 한다는 식으로 나타났다. 군주는 독단적으로 힘과 무력에 의존한 정치를 할 우려가 있다. 이에 대해 유가 지식인은 혼자가 아니라 여럿이, 그리고 힘과 무력이 아니라 이성에 의한 정치를 주장한다. 이들이 주장하는 이성에 입각한 정치란 말과 대화에 따른 사고에 의한 것이다. 그것은 곧 언로의 확대를 뜻한다. 또한 그것은 군주보다는 사대부가 주체가 되는 정치다. 그렇지만 사대부의 여론 또는 공론이 투명하지 않고 부패했다면 군주와 백성 및 사대부 자신에게도 재앙을 불러올 수 있는 위험을 안고 있다. 이러한 사고의 만연이 조선에서 사화와 당쟁을 일으켰다고 볼 수 있다. 한편 군주는 어디까지나 인위적인 정치를 할 필요가 없다. 가만히 앉아 있기[無爲]만 하면 되는 것이다. 이는 군주의 힘을 최대한 약화시키자는 뜻이다. 그래서 군주를 유가적 이념으로 설득하는 일이야말로 유가 지식인에게 가장 중요했던 일이다. 이황의 《성학십도》가 이러한 사고를 형이상학이라는 틀로 보여준 것이라면, 이이의 《성학집요》는 구체적인 방책을 제시하고 있다.

그런데 이황과 이이의 시대적 상황은 약간 달랐다. 이황의 시대는 아직도 사화가 가시지 않은 상황이었다. 연산군에서 중종, 인종, 명종에 이르기까지 조선은 군주와 그를 보좌하는 훈구파 관료들이 정권을 힘으로 장악하던 때였다. 이들은 이성과 대화보다는 힘과 권력을 통해 정국을 운영해나갔던 것이다. 이러한 속에서 이황은 사림파 지식인의 대표였다. 훈구파 관료들이 권력을 장악한 상황 속에서 이황은 정편 돌파보다는 지식인 양성을 통해 이상 국가를 건설하려는 우회적인 방식을 택했다. 다시 말해 사대부 자체가 이성적 사고를 각성해 여론을 투명하게 유지하는 것이 구국의 방침이라는 것이다.

이황은 서원 건설 운동을 펼쳤다. 여기서 건설 운동이란 서원을 여러 개 세웠다는 것을 뜻한다.

> 학교는 교화의 근원이고, 모범을 보이는 곳이며, 선비는 예의의 근본이고, 근본적인 힘이 깃드는 곳이다.
>
> 《퇴계집》, 권41, 〈유사학사생문論四學師生文〉

이황은 학교가 중심이 되어야 한다고 생각했다. 다시 말해 서원을 중심으로 양반 계층이 스스로 투명한 여론을 형성하자는 것이다. 그래서 기존의 백운동 서원을 새롭게 증축한다. 백운동 서원은 주세붕이 경상도 풍기에 안향을 모시기 위해 만든 서원이다. 백운동 서원이란 이름은 골짜기에 흰 구름이 많아서 붙여졌다. 이황은 백운동 서원을 국가 공식 서원으로 인정받기 위해 심통원이라는 경상 감사를 통해 우회적으로 임금에게 요청한다. 당시 아직도 사화가 끝나지 않았지만, 심통원은 권력을 가지고 있었기 때문에 서원 건립이 가능했다. 그리하여 명종은 친히 소수서원紹修書院이란 액자를 내려보낸다. 사액서원이 된 것이다. 서원에 사액을 내렸다는 것은 서원을 중심으로 형성된 양반 계층의 여론을 국가가 인정하겠다는 일종의 약속이다. 서원 앞에 보면 붉은 색깔로 된 문이 있는데 홍살문이라고 한다. 홍살문은 원래 왕릉이나 궁전, 또는 관아의 정면에 세우는 것이다. 소수란 말은 무너진 학문을 이어서[紹] 닦는다[修]는 뜻이다. 서원은 선현의 제사를 지내는 기능과 교화 기능을 가지고 있다. 서원의 교화 기능이란 지식인 양반 계층이 백성을 교화한다는 것과 함께 양반 계층 자신들의 여론을 정화하는 작용도 포함하고 있다. 이 두 기능이 각기 달리 있다가 소수서원에서 합쳐지게 된다.

이황은 소수서원에 나아가 강의도 하고 원생들의 처지도 보살폈다. 다음은 백운동 서원 학생들에게 주는 편지다.

> 제가 대단찮은 병에 걸려 오래도록 살피지를 못했기에 항상 꺼림하고 부끄러웠다오. 썰렁한 공부방, 자리도 차가운 데서 힘든 공부, 반찬 없는 식사로 어떻게들 보내시오. 아마 책 속의 즐거움이 그 모든 것을 이겨내게 하겠지요. 손에 주먹을 들고, 마음으로는 결과를 정하는 입장의 사람이 얼굴을 들고 이러한 말을 하고 있으니 역시 우스운 일이외다. 물고기 예순 마리와 꿩 두 마리를 삼가 입사라는 사람 편에 부치니 재실 부엌에다 맡겨 한 차례들 드시도록 하시구려. 신체 보중, 정신 단련 오직 그것을 바라면서 자세한 말 다 않겠소.
> 《퇴계집 속집》, 권5, 〈여백운서원제생與白雲書院諸生〉

이 편지는 이황이 풍기 군수 때 보낸 것 같다. 내용 중에 주먹을 들고 결과를 정하는 일이란 자기가 시험을 주관하는 수령이란 말이다. 수령이란 엄격함보다는, 백운동서원(소수서원)을 관장하면서, 그들에게 공부와 아울러 건강을 살피는 자상함이 눈에 띈다. 그는 이후에도 계속해서 음식을 백운동서원 학생들에게 보내고 있다. 이것은 서원을 중심으로 공정하고 투명한 여론이 형성되기 위해서 생원들이 모여서 강론하는 것을 격려하는 것이다.

이황은 그 뒤에도 도산서원을 짓고, 이산伊山서원, 역동易東서원을 만드는 데 직접적으로 관여한다. 그 밖에도 죽계竹溪, 임고臨皐, 문헌文憲, 영봉迎鳳, 구산丘山, 남계南溪, 서악西岳, 화암畵巖 서원에도 간접적으로 관여한다. 그래서 이황의 이러한 활동을 서원 건립 '운동'이라고까지 이야기한다.

이황에게는 구체적인 사회 개혁안이 보이지 않는다. 다만 장날 시장이 활성화되자, 백성이 농업을 포기하고 도적이 되는 경우가 많아진다는 이유로 장날을 금지한 것에 대해, 흉년에 굶주린 백성이 교역을 통해 교환을 하고, 자립할 수 있는 기반을 만들 수 있는 계기가 되기 때문에 금지해서는 안 된다고 주장한다《명종실록》, 2년 9월조. 전통시대에는 시장이 활성화되면 부익부 빈익빈 현상이 가속화된다고 생각했다. 그럼에도 불구하고 이황은 농촌과 도시의 물류 유통을 위해 최소한의 시장 기능을 유지해야 한다고 주장했다. 이황에게는 구체적인 사회 개혁안보다는 올바른 국가의 지향성이 더욱더 큰 문제였던 것이다.

반면에 이이는 훈구파 관료들이 물러가고, 사림파 지식인들이 정국을 운영하던 시기의 인물이었다. 그런데 사림파 지식인들 안에서 동인과 서인이 나누어지기 시작한다. 권력의 독점을 싸고 분열이 일어난 것이다. 당시 조선의 군주들은 유가 지식인들에 맞서서 왕권 강화를 꾀하고자 했다. 선조는 특히 이이를 신임했다. 이는 당시 세력이 왕성한 동인을 제어하기 위한 정치 행위라고 볼 수 있다. 이러한 이유로 이이는 서인을 옹호하는 것으로 지목받는다. 그런데 이이는 동인과 서인의 화합을 꾀하였다. 그가 세운 정책은 동인과 서인의 양시 양비론을 통한 동서 화합론이었다. 당파가 서로 공존할 때 양반 계층의 여론이 투명하고 공정하게 될 수 있는 순기능이 있기 때문이다. 여론의 투명성과 공정성은 국가 입장에서 판단해야 한다는 것이며 여론이 어느 당파의 수호무사가 되어서는 안 된다는 것이다.

> 만약 시비로 말한다면 시비는 정해진 모양새가 없이 일을 따라 나타나는 것입니다. 대체로 나라에 이로운 것은 옳은 것이며, 나라에 해로운 것은 그른 것입니다. 당초에는 다 같이 선비로서 나라의 일을 하려한 것이었으니 진실로 양쪽 다 옳다고 말할 수 있습니다. 틈이 생겨 서로 배척하는 지경이 되어서는 저 자신만을 생각했으니 양쪽이 다 그르다고 말할 수 있습니다.
>
> 《율곡전서》, 권7, 〈사대사간겸진세척동서소 辭大司諫兼陳洗滌東西疏〉

동인이 옳은 점이 있다면 서인도 옳은 점이 있고, 동인이 잘못된 점이 있다면 서인도 잘못된 점이 있다는 것이다. 하지만 이러한 주장은 당쟁을 근본적으로 해결하지는 못했다.

선조는 이이의 정책을 받아들이지 않았다. 이이는 십만양병

설로 유명하다. 그러나 실제적으로 십만 양병설을 주장한 것 같 지는 않다. 왜냐하면 당시에 군인을 10만 명 정도 양성한다고 하는 것은 현실적으로 불가능했기 때문이다. 게다가 십만양병 설은 이이의 문집이 아니라 이이의 연보에 나온다. 이는 제자들 이 사후에 만든 것에 불과하고, 십만양병설에 대한 시기도 《선 조수정실록》과 〈율곡연보〉가 차이를 보인다. 십만양병설은 뒤 에 율곡학파가 이이를 추존해 만들어낸 이상에 불과하다.

이이는 이황에게 쓴 편지에서 이미 적극적으로 현실을 개혁 하고자 한다.

> 매번 선생님의 뜻을 살펴보건대, 언제나 물러나시려는 뜻이 있습니 다. 이는 진실로 부득이함에서 나온 것이겠지만, 지금 임금(선조) 이 어리고 나라의 앞날이 매우 걱정되니 도리로 생각하면 선생님의 뜻과는 같지 않을 듯합니다. 나라가 고질병에 빠진 것이 20여 년입 니다. 윗사람이건 아랫사람이건 옛 습속에 따라 행하기만 해서 조 금도 고치지 않습니다. 요즘 백성의 힘이 소진되고 나라에서 비축 한 것이 이미 텅 비었으니, 다시 고치지 않는다면 나라가 나라답지 못하게 될 것이니, 관직에 있는 선비가 천막 위에 집을 짓고 사는 제비와 무엇이 다르겠습니까? 한밤중에 그것을 생각하면 깨닫지 못하는 사이에 일어나 앉게 됩니다.
>
> 《율곡전서》, 권9, 〈상퇴계 선생〉

이황이 현실에 나가기보다는 은거하려고 하자, 이이는 이것을 만류하면서 적극적으로 현실에 개입하기를 주장한다.

이이는 역사를 창업기, 수성기, 경장기로 나눈다. 창업이나 수성도 어려운 일이지만, 경장기는 더욱더 힘들다고 한다. 현명한 군주와 신하가 나와서 개혁을 하지 않는다면 앉아서 나라가 망하는 꼴을 본다고 한다. 그래서 이이는 많은 개혁책을 제시한다. 공물이나 균역의 폐단, 그리고 아전의 폐단을 지적한 것이 그것이다.

그중에서 공물의 폐단을 들어보자. 공물은 토산품을 올리는 제도로, 아전이 대신 납부해주고, 백성에게 값을 요구했다. 그런데 아전은 백성이 좋은 물건을 가지고 와도 받아들이지 않고, 자기가 준비해둔 물건을 바친 뒤에 백성들에게 100배의 값을 요구하는 사례까지 빈번했다. 그런데다 당시의 공안은 연산군 때 만들어졌다. 연산군은 여흥을 위한 사치 때문에 부족한 재정을 메우기 위해 공물의 숫자를 늘렸다. 이것이 고쳐지지 않은 채로 70여 년이나 내려왔던 것이다. 이에 대해 이이는 대안을 제시한다.

> 대신과 해당 관서로 하여금 팔도의 지도와 호적을 전부 가져다가 그 인구의 증감, 논밭의 다소, 생산물의 다과를 알아내어 공물을 다시 부과해서 그 힘들고 힘들지 않은 것을 고르게 해주고, 또 공물 중에서도 국가 용품에 절실하지 않은 것은 적당하게 삭감해 꼭 팔

도 군읍의 마련하는 바를 모두 해주의 경우처럼 1결 1두식으로 만든 뒤에 그 법령을 반포한다면 어찌 행하지 못할 염려가 있겠습니까?

《율곡전서》, 권25, 《성학집요》

이이는 황해도 해주 방식으로 각 지역 실정에 맞게 공안을 개정해 공물 부과를 공평하게 한 다음 공물 대신에 쌀을 거두는 정책(수미법)을 제시한다. 이 정책을 전국적으로 시행하면 관리들의 중간 이익을 막을 수 있을 것이라고 주장한다. 그러나 이이는 나중에 쌀로 거두는 정책은 이야기하지 않고, 공안 개정만을 주장해 정책의 후퇴를 보인다.

이러한 생각은 직접 채택되지는 않았지만 유성룡柳成龍, 1542~1607, 이원익李元翼, 1547~1634, 조익趙翼, 1579~1655, 김육金堉, 1580~1658 등을 거쳐서 대동법으로 시행되었다. 유성룡, 이원익은 퇴계학파에 속한 인물이고, 김육, 조익은 율곡학파에 속한 인물이다. 대동법은 퇴계학파와 율곡학파

:: 유성룡
조선 중기의 정치가. 자는 이견(而見), 호는 서애(西厓)다. 임진왜란을 극복하는 데 역할을 했고, 수미법 실시를 주장했다.

:: 이원익
조선 중기 정치가. 자는 공려(公勵), 호는 오리(梧里)다. 이이에 의해서 발탁이 되고, 실무를 잘 담당해 임진왜란을 극복했다.

:: 조익
조선 중기 학자 정치가. 자는 비경(飛卿), 호는 포저(浦渚)다. 대동법을 시행한 실무 관료이면서 주희 해석과 다른 경전 해석을 해서 학계의 논란이 되었다.

:: 김육
조선 중기의 정치가. 자는 백후(伯厚), 호는 잠곡(潛谷)이다. 대동법을 전국적으로 시행해 조선 중기를 안정시키는 결과를 가져왔다.

> **영·정조의 융흥기의 한계**
> 조선은 영조와 정조 때 다시 한 번 개혁을 했어야만 했다. 조선 후기 삼정의 문란이 이루어지게 된 것은 이때 개혁하지 않아서 생긴 문제다.

의 지식인이 협력해서 만든 것이다. 다시 말해 군주의 무리한 착취와 백성의 부담 능력, 둘을 투명하게 절충한 사회 개혁 정책이었다. 물론 이러한 대동법의 시행은 양난 시기의 위난을 겪으면서 외세 침략을 방어하는 조선의 자강정책과 안민정책의 선택 과정에서 먼저 백성을 위한 안민 정책을 채택하고 이를 기반으로 군사적 자강 정책을 실행하겠다는 정책 우선순위를 반영한 것이다. 이러한 개혁안의 성과가 영조英祖, 1694~1776와 정조正祖, 1752~1800 때까지 지속되어 조선의 후반기 정국을 안정시켰던 것이다. 영조와 정조의 융흥기는 이러한 결과로 나온 것이다. 대동법을 둘러싼 조선 지식인의 노력은 백성의 생활을 안정시켜야겠다는 사고에서 나온 것이다. 조선의 지식인에게서 공부론과 경세론은 분리될 수 없었다.

또한 이이는 왕실 전용의 경제 기구를 호조戶曹에 귀속해야 한다고 주장한다. 이는 한편으로는 왕의 경제적 기반이 되는 내탕고內帑庫, 내수사內需司를 국가 기구로 편입함으로써 왕의 경제적 권한을 축소하고자 한 것이다. 다른 한편으로는 군주의 불법적 착취를 배제해 사대부의 이권 쟁탈에서 비롯된 당파 싸움의 경제적 요소를 제거하려는 것이다.

천자의 부富는 사해四海에 간직하고 제후의 부는 백성에게 간직하니, 창고를 두는 것은 공공의 물품을 위한 것이며, 개인 재산을 소유할 수는 없습니다. 임금이 개인적인 재산을 가지면 이것을 '이익을 취한다'라고 하니, 이익의 근원이 한 번 열리면 뭇 신하가 다투어 달려나가서 어디엔들 이르지 않겠습니까? 어리석은 신이 생각하기에는, 전하께서 참으로 좋은 정치를 하시고자 한다면 반드시 먼저 내탕고와 내수사를 호조에 부속시켜 국가의 공공 재산으로 삼고 개인 재산으로는 여기지 말아서, 전하께서 털끝만큼도 '이익을 취하려는' 마음이 없다는 것을 신민이 훤히 우러러보도록 한 뒤에야, 더러워진 습속을 씻어내고 사유[禮義廉恥]四維를 붙들어서 지극한 정치를 이룰 수 있을 것입니다. 전하께서 마땅히 깊이 생각하셔야 할 일입니다.

《율곡전서》,권25,《성학집요》

이이의 이와 같은 개혁안은 나름대로 그 당시의 문제점을 지적하고 있지만 근본적으로 개혁하는 수준은 되지 못했다. 당시는 임꺽정의 난으로 대표되듯이 조선 왕조의 체제가 뿌리부터 흔들리는 상황이었다. 공납 문제를 개혁해서 될 문제가 아니었던 것이다. 더욱더 근본적인 문제는 토지 소유를 둘러싼 봉건적인 수취체제였다. 대부분의 토지 소유자가 세금을 내지 않는 양반인데 비해, 세금을 떠맡은 소작인은 토지를 소유하지 못했다. 이러한 토지 소유 문제가 해결되지 않는 한 계속된 농민 반란은

막을 수가 없었다. 그것은 조선 왕조의 안정적 지배 체제가 무너지고 있었다는 것을 뜻한다.

그러나 이러한 개혁안마저도 선조는 받아들이지 않았다. 선조가 이이를 신임한다면 정책을 받아들여야 했으나, 그렇게 하지 않았던 것이다. 선조와 이이가 서로를 비판하는 긴장 관계는 여기서 비롯된다. 그것은 왕권 강화라는 군주의 이념과 왕권 제약이라는 유가 지식인의 이념이 충돌해 생긴 긴장 관계였다. 조선의 정권은 지주 계층 위에서 건립한 정권이기 때문에 근본적인 개혁을 할 수 없었다. 다만 지주의 소작인 수취율을 어떻게 정해야 적정한지만 문제 삼았을 뿐이었다.

이이의 개혁안은 당시 중국의 장거정 개혁과 비교가 된다. 장거정은 토지 측량과 부역제도 개혁을 단행했다. 명 대 후기로 들어가면 장원莊園들이 늘어나게 되고, 이들을 소유한 신사층紳士層 지배 계급들은 세금을 탈세하거나 체납해 내지 않게 되어, 다시 이들의 세금이 농민에게 부과되는 상황이 발생해, 농민이 도망가서 농사를 짓는 땅이 감소가 되었다. 그래서 장거정은 재정 수입을 늘리기 위해서 토지 측량을 엄격히 실시해 토지 장부에서 누락된 토지를 찾아냈다〔清丈〕. 그래서 많은 토지가 세수에 새롭게 편입되었다. 이를 바탕으로 장거정은 부역 제도를 일조편법一條鞭法으로 개혁했다. 일조편법이란 빈농의 요역을 폐지하고 부족한 액수를 부유한 지주의 토지에서 더 징세하겠다는 뜻이다. 다시 말해 인두세를 폐지하고 재산세를 징수하겠다는 세무 개혁이다. 이는 중간착취를 배제하는 결과를 불러왔다. 요역은 은으로 납부시켜, 화폐경제의 발달도 불러왔다. 토지세도 은으로 납부하게 했는데, 토지 단위로 징수하게 했다. 이는 지방정부의 각종 정부 사업을 위해 백성을 요역으로 징발하거나 노임을 곡물로 지급하는 대신에 은으로 지급해 행정 효율을 높이고, 빈민을 사업에 참여시켜 생활을 안정시키며, 물자를 시장에서 싼 가격에 구입해 비용을 절감하려는 것이다. 그 결과 명 말에 시장경제가 활성화되었다. 이것이 소위 자본주의 맹아를 촉진했다. 이러한 개혁안은 명나라 신종神宗, 1563~1620에 의해 받아들여져 국가의 세수 증대와 상품경제를 발전시켰다. 물론 이러한 개혁안도 그 뒤에 세금 부담이 늘어나 폐해가 속출하게 되고, 명나라의 멸망을 막지 못했다. 그러나 장거정의 개혁은 왕권을 강화하고, 상공업을 촉진한 점에서 이이의 개혁안과 대조가 된다. 이이의 개혁안은 당시 조선의 토지 소유의 집중에서 유발된 문제점을 완화하는 것에 개혁 목적이 있었고 백성의 생활 안정을 통해 군사적 자강도 얻겠다는 정책이었다. 이이의 개혁안은 상공업보다는 농업적인 요소가 많고, 왕권 강화와는 거리가 있었다. 조선은 사대부의 나라여서 군주들의 시도는 대부분 실패하거나 제한적일 수밖에 없었던 것이 사실이다. 그러나 사대부 중심의 정치가 반드시 국가의 효율성이나 민생 안정을 가져왔다고 볼 수 없다. 사대부 중심의 정치가 오히려 자신들의 계급적 이익에만 힘써 끊임없는 당쟁을 불러일으켰던 것이다.

만남 5

퇴계학파와 율곡학파

역사적 전개

선조 때를 기점으로 중앙 무대에 전면에 등장하는 사림파는 동인과 서인으로 붕당을 지어 정치력을 행사하다가 임진왜란과 병자호란 양 난을 겪은 후 광해군光海君, 1575~1641 때에는 동인 가운데서도 정인홍鄭仁弘, 1535~1623 을 중심으로 한 북인이 정권을 좌우하게 되었다. 그러나 서인은 광해군이 인목 대비를 폐위하고 영창 대군을 죽인 것을 인륜의 부정이라는 명분으로 내세워 쿠데타를 일으켜 성공한다. 이것이 이른바 인조반정이다. 이 인조반정의 주역들은 바로 이이의 제자인 김장생의 문하생들이었다. 이는 이이에서 김장생

::정인홍
조선 중기의 학자. 자는 덕원(德遠), 호는 내암(來庵)이다. 조식의 제자로 임진왜란 때 의병 활동을 했는데, 이것이 광해군 때 정치를 주도하는 이유가 되었다.

으로 이어지는 서인 계열의 정치적 승리를 의미하는 동시에 정치 노선에서도 광해군의 실리주의 대신 주자학적인 이념의 계승을 의미하는 것이다. 따라서 이들이 청의 실체를 인정하지 않고 명에 대한 대의명분론을 내세운 것은 자연스런 귀결이었다. 아울러 이는 어느 정도 민심의 지지를 기반으로 하고 있었다.

인조반정 이후 서인은 광해군을 뒷받침하던 북인을 몰아내고 그 대신 남인과 연합해 정치를 주도해나가는 핵심 세력이 되었다. 서인 세력은 남인을 파트너로 삼아 상호 견제를 유도함으로써 체제를 유지해나가고자 했던 것이다. 하지만 제한된 관직과 기득권은 이들의 연합 정권을 무너뜨리는 요인이 되었으며, 이에 따라 이들 사이의 대립과 투쟁이 필연적인 귀결로 나타날 수밖에 없었다. 효종孝宗, 1619~1659 사후에 일어난 예학 논쟁과 예송은 이러한 대립을 잘 설명해주는 것이라고 할 수 있다. 그러나 이 논쟁은 초기에는 당색과 무관하게 학문적인 차원에서 논의가 진행되는 건강성을 유지하고 있었다.

예학 논쟁은 인조의 둘째 아들인 효종이 죽자, 인조의 비인 자의대비慈懿大妃 1624~1688 조 씨가 상복을 몇 년 입어야 하느냐 하는 문제를 둘러싸고 비롯되었다. 그런데 문제는 효종이 집안家統에서 보면 둘째 아들이지만 나라王統에서 보면 장자에 해당한다는 데 있었다. 이에 남인인 윤휴尹鑴, 1617~1680와 허목許穆, 1595~1682 등은 효종이 비록 둘째 아들이긴 해도 왕통을 이었기 때문에 3년 동안 상복을 입어야 한다는 삼년복설을 내세웠고, 서인인 송시열宋時

■■ 윤휴

조선 중기의 학자. 자는 희중(希仲), 호는 백호(白湖)다. 주희와 다른 해석을 했다 해서 사문난적으로 몰려 죽었다.

■■ 허목

조선 중기의 학자. 자는 문보(文甫), 호는 미수(眉叟)다. 이황-정구의 학통을 서울, 경기에서 전파했다.

■■ 송시열

조선 중기의 학자, 정치가. 자는 영보(英甫), 호는 우암(尤菴)이다. 이이의 학통을 계승했으며, 서인-노론 당파를 옹호하기 위해서 많은 당쟁을 불러일으켰다.

■■ 송준길

조선 중기의 학자, 정치가. 자는 명보(明甫), 호는 동춘당(同春堂)이다. 송시열과 짝을 이루어 정국을 주도했다.

烈, 1607~1689과 송준길 宋浚吉, 1606~1672은 비록 왕통을 이었을망정 장자가 아니기 때문에 1년 동안 상복을 입어야 한다는 기년복期年服설을 내세웠다. 그 뒤에 효종의 비인 인선 왕후가 죽자 다시 인조의 비인 자의대비가 몇 년 동안 상복을 입어야 하느냐 하는 문제가 제기되었다. 이때 서인은 9개월 동안 상복을 입어야 한다는 대공복大功服설을 주장했고, 현종을 위시한 왕실 측은 1년 동안 상복을 입어야 한다는 기년복설을 주장했다. 예에서 수數는 구분 distinction이며 특히 계승권을 확인하는 상징이다.

예란 가족 혈연적인 요소와 사회 신분적인 요소의 결합으로 이루어져 있다. 따라서 이 요소들이 충돌할 때는 어느 것을 중시하느냐에 따라 서로 간의 입장에 차이가 빚어질 수밖에 없었다. 명대에도 이러한 논쟁이 일어났다. 대례의大禮議 논쟁이 그것이다. 세종世宗, 1507~1566은 왕통으로는 선왕인 무종武宗, 1491~1521의 아버지인 효종孝宗, 1470~1505의 아들 자격으로 황위를 계승했지만, 가족으로는 백부다. 그래서 세종은 자신의 생부인 홍헌왕興獻王, 1476~1519을 숙부로 하자고 하는 주자학자를 비판하고 아버지라고 불러야 한다고 주장한다. 이것을 양명학자가 옹호하면서 논쟁이 벌어졌다. 세종은 가족 관계를 우선시하고 주자학자가 중시한 군신 관계를 버렸다. 그래서 대례의 논쟁이 일어났다. 이 당시 군신 관계를 중시하면 주자학자, 가족 관계를 따지면 양명학자라고 한다. 이른바《홍길동전》에서 홍길동이 '아버지를 아버지라고 부르지 못하고 형님을 형님이라고 부르지 못한다'고 말한 것처럼 세종도 생부를 아버지라고 부르지 못하고 숙부라고 부르고, 황위를 물려준 백부를 아버지라고 부르게 한 것이다.

이와 달리 조선에서는 혈연과 신분이 대립할 경우 어떤 것에 우선을 둘 것인가 하는 문제에 대해 엄격한 정의를 내리지 않았으며, 따라서 이것은 조선의 주자학자에게 남겨진 과제였다. 이러한 예제의 구체적 적용이 예학 논쟁과 예송에 나타난 서인과 남인의 관심사였던 것이다.

보통 서인은 예를 왕실과 사대부 간에 차이를 두지 않고 수평적으로 적용하였던 데 반해 남인은 왕실과 사대부의 예를 차별해 왕실을 중시했다고 한다. 그러나 서인도 국상과 개인적인 상에서는 국상을 먼저 해야 한다고 주장한 점에서 보면 왕실과 사대부의 예 적용에 차별을 인정한다고 할 수 있으므로, 왕실과 사대부의 차이보다는 신분과 혈연이라는 관점에서 예 적용에 차이점이 있다고 보아야 할 것이다. 즉 서인은 혈연적인 요소에 중점을 둔 반면, 남인은 신분적인 요소에 초점을 맞추었다. 그리고 이들은 각각 이 중 한 요소에 중점을 두면서 거기에 다른 한 요소를 포섭하고자 했다. 어쨌든 이러한 예 적용의 갈등은 그 당시 사회에 예가 일반화되면서 나타난 필연적인 현상이라고도 할 수 있다.

그러나 서인과 남인이 각각 어떤 요소에 중점을 두고 예의 실행을 강조했든 간에, 이들 모두 예의 본질인 리의 강력한 통제를 통해서 현실을 이끌어가고자 했다는 데 공통점이 있다. 이들은 각자의 관점에서 완전한 이념을 그대로 실현하지 않는 것이 문제가 될 뿐이라고 보았다. 이들이 논쟁 차원을 넘어서 예송에 적극 참여한 것은 바로 이 점을 여실히 증명하는 것이다. 그런데 이러한 사고로부터 비롯된 예송은 그것이 과열되면서 부작용이 속출하기 시작했다. 이론적인 논쟁이 피를 부르는 사태에 이른 것은 명분론적인 이념 논쟁이 빚을 수밖에 없는 폐해라 할 것이다. 상대방을 인정하지 않으려는 태도는 이들에게 이성의 마비를 불러왔으며, 결국에 가서는 상호 견제를 통해 체제를 유지한다는 붕당 정치의 공존 질서를 스스로 무너뜨리는 결과를 가져왔다. 이리하여 나타난 것이 서인 단독 정권의 창출이었다.

단독으로 정권을 차지한 서인 내부에서도 남인과의 관계를 둘러싸고 강경파인 노론과 온건파인 소론으로 갈라지게 되었다. 노론과 소론의 대립이 가장 첨예하게 나타난 것은 경종景宗, 1688-1724과 영조의 왕위 계승을 둘러싸고 벌어진 왕위 계승 시비였다. 경종이 즉위한 지 얼마 지나지 않아 병으로 죽고 노론의 강력한 지원을 업은 영조가 즉위하면서 노론은 이후 조선 말기까지 정권을 사실상 독점하게 되었다. 영조와 정조가 당파를 무너뜨리고 왕권을 강화하기 위해 실시했던 탕평책도 결국은 실패로 돌아가고 말았다. 영조가 사색을 고르게 쓰자는 약화된 탕평책緩論蕩平을 주장했다면, 정조는 자신의 이념에 따라 사색을 쓰는 강화된 탕평책峻論蕩平을 주장했다. 그런데 영조와 정조의 탕평책 모두 재야 지식인보다는 척신들을 중용함으로써 한계점을 노출했다.

정조와 순조純祖, 1790~1834의 즉위를 둘러싸고 시작된 노론 내 시파時派와 벽파僻派의 대립 역시 생산적인 논쟁을 이끌지 못한 채, 사상적으로는 당시 새로이 유입된 서구 문물을 대표하던 천주학을 박해하는 결과를 낳았으며, 정치적으로는 세도정치라는 말폐적인 현상을 가져왔다. 군주를 대신해 외척 세력이 정치를 전담했던 세도정치는 비판 세력을 철저히 배제한 독재정치에 다름 아니었다. 이들은 정치를 독점하기 위한 장치로서 비변사備邊司를 강화하고, 이를 통해 군대의 힘을 장악해 막후 정치를 시행했다.

서인으로부터 노론으로 이어지는 집단을 정치적으로 지배했던 노선은 이른바 숭용삼림崇用山林과 국혼물실國婚勿失로 집약되었다. 이들이 산림을 중용한다거나 사림의 의견을 무시할 수 없었던 것은 산림으로 대표되는 지식인층의 여론이 정치적으로 중요한 영향력을 행사했음을 의미하는 것이다. 이들은 이와 같이 민중과 접촉하면서 여론을 형성하던 산림의 지식인층을 중용해 자신들의 정치적 입지를 강화하고자 힘을 기울이기도 했다.

이와 달리 정권을 장악할 수 있는 또 하나의 유력한 길은 권력의 핵심인 왕의 외척이 되는 것이었다. 심지어 노론의 태두요 율곡학파의 산림 출신이었던 송시열이 추진한 정책들조차 안동 김씨, 청풍 김씨, 여흥 민씨 등 서울, 경기 지방의 이른바 경화거족京華巨族에 의해 거부되자, 그로 대표된 산림은 더 이상 여론의 대변자가 아니라 권문세가의 단순한 '얼굴마담'으로 전락하기에 이르고 말았다. 이러한 상황에서 남인이나 소론 등도 민중의 삶에 관심을 두기보다는 노론과의 정권 투쟁에만 힘을 쏟아 스스로 지식인으로서의 기능을 포기하고 말았으며, 노론을 대체하기는커녕 몰락의 길을 자초하게 되었다.

한편 소외된 근기 지방의 남인 계층 일부는 민생의 안정을 무엇보다 절실한 과제로 삼고 실학을 표방하며 새로운 비전을 제시하고자 했고, 일부 소론 계열에서는 양명학을 받아들여 시대의 변화에 적응하려는 모습을 보이기도 하였다. 그러나 이들은 당시로써는 스스로 자신들의 사상을 제도화할 만한 힘을 갖지 못했다. 그런 가운데 노론을 중심으로 하는 학자들이 주자학적 세계관을 더욱 공고히 하면서 '유학의 죄인'이라는 사문난적이라는 죄목을 씌워 이들을 이단으로 모는 등 자신들의 기득권을 유지하기 위해 더욱더 경직된 사상체계를 고착시켜나갔다.

더욱이 1801년을 정순왕후貞純王后, 1745~1805가 천주교 배척이란 명분으로 많은 지식인을 탄압하자, 기존까지 진행되었던 철학적인 논쟁마저도 사라지게 되고 조선은 철학의 암흑시대가 되었다. 이성의 시대가 사라진 다음에는 종교의 시대가 오고야 만 것이다. 동학의 발생은 이러한 측면에서 이해되어야 한다. 조선을 지탱해왔던 성리학은 무너지고, 동학이나 기독교가 그 자리를 대신하게 되었던 것이다.

퇴계학파

퇴계학파는 주로 사색 당파 가운데 처음에는 동인이 되었지만, 광해군 때 주축 세력이었던 북인과 맞선 남인이 되었다. 그러다가 인조의 쿠데타가 성공하면서 서인과 연합정권을 만들었지만, 이어서 버림을 당했고, 계속 후속 정권에서 소외당했다. 숙종肅宗, 1661~1720 때 잠시 정권을 담당한 적도 있었지만, 한때였다. 주로 경상도에 있었고, 부분적으로 경기, 충청 지역에도 존재했다. 전자를 영남 남인이라고 하고, 후자를 기호 남인이라고 부른다. 영남 남인과 기호 남인 사이에는 이황이라는 매개 고리가 있어서 서로 동질감을 가지고 왕래했다. 영남 남인들은 서인-노론에 대항하기 위해서 이황의 학문을 중심으로 뭉치는 경향이 뚜렷해, 영남은 퇴계학파로 단일화되었다. 영남 남인들은 주로 향촌에 근거하면서 중앙 정계에 진출하는 것을 꺼렸기 때문에 피해자가 적었다. 반면에 기호 남인들은 중앙 정계에 진출하면서 부침

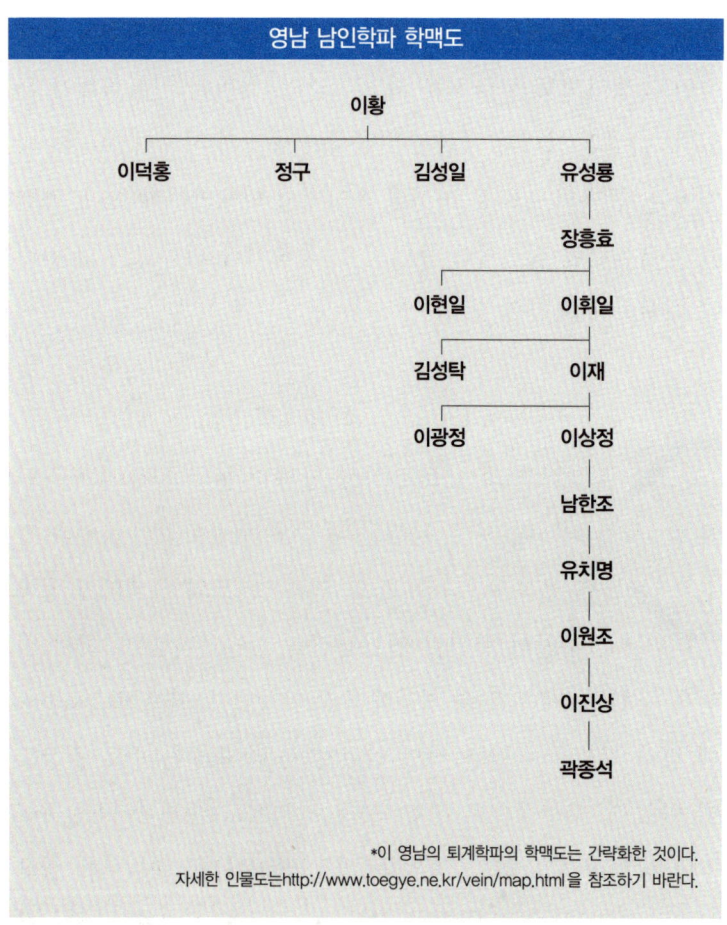

을 겪게 되었고, 그로 인해 몰락의 길을 걷게 되었다.

　이황은 당시로써는 70세라는 보기 드문 장수를 누리면서 많은 훌륭한 제자를 길러내었다. 이순신李舜臣, 1545~1598을 천거하고 임진왜란을 수습한 유성룡이나, 임진왜란이 일어나는 것을 미리 막지 못했지만 그것을 뉘우치고 백의종군한 김성일金誠一, 1538~1593, 이황을 현창하는 데 헌신한 조목趙穆, 1524~1606, 근기 남인의 학맥을 전승해준 정구鄭逑, 1543~1620, 《심경부주석의》와 같은 이황의 중요한 책을 편찬한 이덕홍李德弘, 1541~1596 등과 같은 제자들이 있었다. 아깝게도 이황과 논쟁을 벌였던 기대승은 이황이 죽은 바로 다음 해에 죽었다. 그 이후의 학맥은 처음에는 김성일, 다음에는 유성룡, 정구에게 배운 장흥효張興孝, 1564~1632를 거쳐, 그의 외손인 이현일李玄逸, 1627~1704에게로 전해졌다. 장흥효의 딸이 이현일의 아버지인 이시명李時明, 1580~1674에게로 시집가서 이휘일李徽逸, 1619~1672과 이현일을 낳았다. 장흥효의 딸이 바로 인동 장씨고, 이문열李文烈, 1948~의 소설 《선택》의 주인공이다. 이현일은 숙종 때 서인과 맞서서 이황의 이론을 옹호했다. 그는 숙종 때 남인 정권의 산림으로 중앙 정계에 진출해 퇴계학파를 이끌었다. 이현일의 아들인 이재李栽, 1657~1730가 있고, 그의 딸이 시집가서 나은 자식인 이상정李象靖, 1711~1781과 이광정李光靖, 1714~1789이 있다. 이상정의 제자로는 유치명柳致明, 1777~1861이 있고, 그 제자로 이원조李源祚, 1792~1872가 있고, 다시 그 제자로 이진상李震相, 1818~1886이 있다. 이진상의 제자로 곽종석郭鍾錫, 1846~1919이 있다. 이들은 주로 이이의 학설을 비판하고 이황의 학설을 조금도 의심하지 않고 묵수하는 경향을 가졌다.

기호 남인으로는 정구의 제자인 허목이 있고, 허목을 따르는 학자로 이익李瀷, 1681~1763이 있다. 이익은 많은 제자를 길러 성호

:: 이진상

조선 후기의 학자. 자는 여뢰(汝雷), 호는 한주(寒洲)다. 심즉리(心卽理)를 주장했지만, 심학과는 다른 노선이다. 그의 아들 이승희(李承熙, 1847~1916)는 만주에서 독립운동을 했다.

:: 이익

조선 후기의 학자. 자는 자신(子新), 호는 성호(星湖)다. 송시열에 대항해 주자학을 수립하고자 했다. 서양 문물에 대한 관심도 깊어, 그의 학파는 서학(西學)을 탐구했다.

학파를 만들어내었다. 이익은 이황을 이자李子라고할 정도로 존숭했다. "우리나라에 이황이 있는 것은 마치 중국에 공자가 있는 것과 같다"고 하면서 이황을 어록을 모아 《이자수어李子粹語》란 책으로 편집하고, 이황의 사칠설과 예에 관한 학설禮說을 모아서 편찬했다. 이익은 율곡학파의 도통설에 맞서 공자, 맹자, 주희의 학설이 이황에 전해졌고, 다시 허목을 거쳐 자신에게로 전해졌다고 주장한다. 이익의 제자들은 천주교와 서양 과학 기술에 영향을 받아 실학을 주장하는 쪽과 퇴계학과 주자학을 고수해야 한다는 쪽으로 나누어졌다. 전자를 성호 좌파라고 하고, 후자를 성호 우파라고 한다. 전자에서 정약용丁若鏞, 1762-1836이 나왔다. 정약용도 〈도산사숙록陶山私淑錄〉이란 글을 지을 정도로 이황을 존숭했다. 서양의 천주교를 받아들이자는 이들의 입장은 주자학적인 인간의 이성적 주체성을 가지고는 당시의 도덕적 해이를 해결할 수 없고, 좀 더 종교적인 하늘 혹은 상제를 통해서만이 가능하다고 보았다. 이러한 지식인의 주장이 퇴계학파 내부에서의 비판과 정권의 박해로 인해 대부분 배척받게 되자, 민중이 자생적인 신앙공동

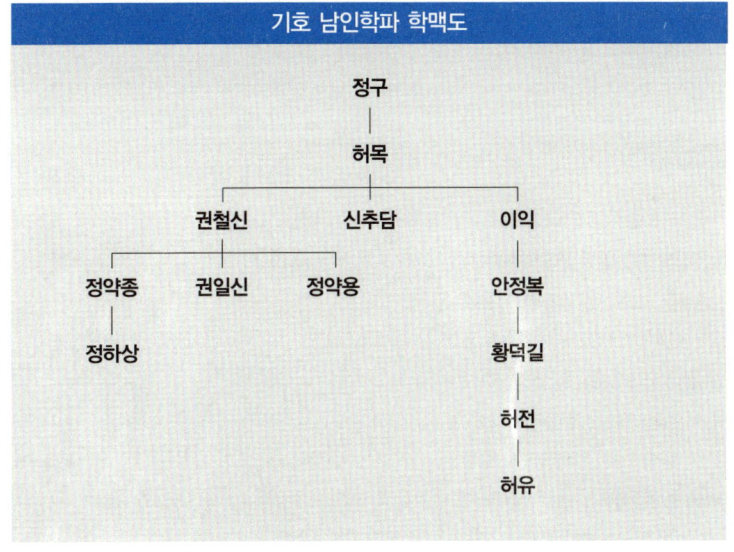

체를 형성하는 계기가 되었다.

그런데 기호 남인들은 왕권 강화를 주장한다. 이는 사대부 지식인의 입장을 옹호하는 이황의 사고에서는 벗어나 있다. 아마도 서인-노론 중심의 지식인 독재에 민생이 파탄 나는 현실에서 차라리 왕권을 옹호하는 것이 국가 안정에 도움이 된다고 생각한 것 같다.

율곡학파는 광해군 때에만 박해를 받았을 뿐, 인조 이후 계속 정권을 장악했다. 이들의 권력에 대한 의지를 알 수 있다. 이들은 경상도를 제외한 거의 전국에 걸쳐 분포했다. 주로 서울, 경기, 충청도가 이들의 주된 세력 근거지였다. 이들은 송시열과 윤증尹拯, 1629~1714의 회니시비懷尼是非를 시작으로 해서 분열되기 시작했는데, 그것이 바로 노론과 소론이다. 그리고 노론 안에서도 충청도 지식인과 서울 지식인 사이에 인물성人物性이 다르냐 같으냐를 둘러싸고 분열이 일어났는데, 전자가 호론湖論이고, 후자가 낙론洛論이다.

이이는 이황에 비해 일찍 돌아가셨다. 그렇지만 이이에게는 정철, 송익필과 같은 동료들과 많은 제자로 이루어진 다양한 그룹이 있었다. 그런데다 이이는 서경덕들을 인정함으로써 서경덕徐敬德, 1489~1546의 제자인 박순朴淳, 1523~1589, 민순閔純, 1519~1591, 남언경南彦經, 1528~1594, 박민헌朴民獻, 1516~1586 등을 포섭했다. 율곡학파는 크게 보자면 김장생과 같은 철학자 그룹, 이정구李廷龜, 1564~1635와 같은 문학자 그룹, 김육과

▪▪ 회니시비

회덕(懷德)에 사는 송시열과 니성(尼城)에 사는 윤증의 대립. 송시열이 윤증의 아버지인 윤선거(尹宣擧, 1610~1669)의 비문에서 윤선거의 행실(병자호란 때 다른 사람은 죽고 자신만 살아 나왔음)을 은연중에 비판하면서부터 노론과 소론은 분열하기 시작한다. 윤선거가 윤휴와의 교제를 끊지 않자 송시열은 이들을 공격했다. 송시열이 보기에 윤휴는 이단이었다. 윤휴가 복제 논쟁을 통해 이미 송시열과 다른 입장을 취한 데다, 주희와 다른 경전 해석을 취했기 때문이다. 송시열은 윤휴를 옹호하려는 윤증에 대해서도 똑같은 무리라고 몰아세웠다.

▪▪ 박순

조선 중기의 학자. 자는 화숙(和叔), 호는 사암(思菴)이다. 서경덕의 문인이면서도, 이이와 정치적 부침을 같이했다.

▪▪ 민순

조선 중기의 학자. 자는 경초(景初), 호는 행촌(杏村)이다. 《소학》과 《사서》의 음과 해석을 담당했다. 서경덕 학파가 주로 맡았던 학문적 영역이다.

같은 정치가 그룹이 있었다. 그중에서 김장생과 그의 아들인 김집, 그리고 김장생의 제자인 송시열이 가장 이이를 옹호했다.

송시열은 특히 북벌론과 소중화론이라는 이념을 제시해 정국을 주도했다. 병자호란 이후 북벌을 통해 청나라에 대한 복수와 명나라의 은혜를 갚자는 주장과, 명이 망해서 조선이 중심이라는 소중화론으로 민심을 자극해 정국을 주도했던 것이다. 그러나 대외적인 관계는 무시한 채 오로지 국내 문제만이 이들의 관심사였다. 이들은 정국을 주도한 만큼 그 책임을 물어야 한다.

송시열의 대명 의리론은 청에 볼모로 끌려갔다 온 효종 자신의 뼈저린 체험과 맞아떨어져 북벌론이 상당히 힘을 얻었다. 하지만 당시 청과 조선은 국력 면에서 비교가 되지 않는 상황이었으므로 이런 주장은 현실성이 없었다. 그러니만큼 이러한 정책들은 실제로 대외적인 것이라기보다는 민심의 통합 등을 꾀하려는 대내적 수단에 지나지 않았다. 그렇기 때문에 그들은 이러한 명분론에 이의를 제기하거나 비판을 하는 세력을 결코 용납하지 않았다.

이러한 상황에서 윤휴가 주희의

∷ 남언경
조선 중기의 학자. 자는 시보(時甫), 호는 동강(東岡)이다. 양명학을 공부했으며, 서경덕의 심학을 양명학으로 연결했다.

∷ 박민헌
조선 중기의 학자. 자(字)는 희정(希正), 호(號)는 정암(正菴)이다.

∷ 이정구
조선 중기의 학자. 자는 성징(聖徵), 호는 월사(月沙)다. 한문 사대가의 한 사람으로, 임진왜란에 참전한 중국의 양명학자를 비판하고, 주자학을 옹호했다.

《중용장구》를 문제시해 주희의 해석을 삭제하고 자신의 견해를 적은 《중용독서기》를 짓고, 박세당朴世堂, 1629~1703도 주희의 《중용장구》와 《대학장구》에 의심을 품어 《사변록思辨錄》이란 저서를 써내자, 송시열을 비롯한 율곡학파의 분노는 극에 달했다. 윤휴나 박세당은 이와 같은 저술을 통해 주희의 장구를 개정함으로써 권위적인 진리 관념을 깨뜨리고 새로운 실천성을 띤 철학 체계를 만들려고 했다.

  윤휴는 이를 위해서 기존의 도덕관념이 아닌 자연스럽고 간단한 실천 윤리로서 '효제孝弟'를 주장했으며, 그것의 보증자로서 리가 아닌 천天을 부각했다. 그리하여 윤휴는 하층민까지 포함한 모든 계층을 단결시키는 세계를 건설하고자 했다. 그런데 송시열을 비롯한 율곡학파는 윤휴의 이론 체계 자체를 비판하기보다는 그가 성인의 경전을 함부로 훼손했다는 점에 비판의 초점을 맞추었다. 따라서 이러한 비판이 이론 대결로 나타나기는 어려웠다. 오히려 그것은 이단 비판이라는 마녀사냥의 형식을 띠고 나타났던 것이다.

  박세당도 주희의 학문체계가 지나치게 고원하고 추상적이라 비판하고 학문이란 어린애들도 알 수 있을 만큼 쉽고 가까운 데서 출발해야 한다고 주장했다. 이러한 관점에서 그는 《사변록》에서 주희의 《대학장구》와 《중용장구》의 순서를 바꾸어 자신의 원칙에 따라 새롭게 주석을 했던 것이다. 이에 대해 율곡학파는 송시열이 윤휴를 사문난적으로 몰았던 것처럼 소론인 박세당을 양명학자와 한가지라고 몰아 이단으로 배척했다. 그들이 보기에 주희를 경시하고, 주희와 다른 방식으로 경전 해석을 내리는 것은 바로 양명학 추종자들이 하는 짓과 조금도 다를 바가 없었다. 그러나 박세당의 학설이 결코 양명학적 경향을 띠었던 것은 아니다. 그런데도 그가 양명학자로 비판받는 것은 당쟁과 연결된 흑색선전이었다고 할 수밖에 없을 것이다.

율곡학파는 이이를 종사로 하는 학문 집단으로서 주희, 이황, 이이, 성혼, 김장생, 송시열로 이어지는 자신들의 노선을 진리의 계보, 즉 도통이라고 주장했다. 그러면서 이들은 이 노선에 이황까지 포함하고 있다. 이들은 이황의 리기론 등 학문적인 주장에 대해서는 받아들이지 않지만 그의 도학자로서의 인격을 존중함으로써 자신들의 계보가 보편적이라고 주장했던 것이다. 이러한 도통론뿐만 아니라 이이와 성혼을 문묘에 종사케 하는 데 성공함으로써 이들은 마침내 정치적으로도 승리를 얻게 되었다.

율곡학파는 자신들 내부에서도 이이의 사단칠정론 등의 학문적인 주장에 대해서 끊임없이 회의를 하는 등 비판적이고 합리적인 사고를 견지했다. 대표적으로 김창협은 리를 '운동성이 없는 것無爲'으로 보는 율곡학파의 기본 입장에서 벗어나 리를 '운동성이 있는 것有爲'으로 파악한다. 그는 율곡학파의 종지인 기발리승을 부정하지 않지만, 사단의 경우 기가 발동해도 기가 영향력을 미치지 않는다고 주장한다. 따라서 그는 기에 대한 리의 주재성을 강조한다. 이는 이황에게 접근해가는 것을 의미한다. 이 때문에 김창협은 절충파라고 불린다.

율곡학파는 이러한 비판 정신을 통해 주자학에 대한 이해를 더욱더 심화해갔다. 이들이 크게는 노론과 소론의 정치적인 노선 차이, 작게는 각 개인의 학문적인 견해 차이를 빚었음에도 불구하고, 이들로 하여금 공통적인 의식을 공유하게 한 것은 바로 이러한 비판적이고 합리적인 정신이었다.

그러나 송시열을 비롯한 노론학자들은 기본적으로 이러한 정신을 견지하면서도 주자학에 대해서는 종교적인 신심에 가까운 열정을 가지고 있었다. 원의 침입을 받은 고려 사람들이 부처의 가호를 얻고자 《대장경》을 편찬했듯이, 정권을 쥔 노론은 청의 침입 후 주자학에 절대적으로 의지하면서 주희의 저술에 대한 해석서를 편찬하기 시작했다. 대표적인 것이 송시열의 《주자대전차의》다. 이는 이황의 《주자서절요》와 이덕홍의 《주서절요기의朱書節要記疑》, 정경세鄭經世, 1563~1633의 《주문작해朱文酌海》를 수용한 것이었다. 이 책은 송시열을 위시한 노론계 율곡학파의 작업 성과를 반영한 결과물이라고 할 수 있다. 이 작업은 뒤에 이항로李恒老, 1792~1868, 이준李埈, 1812~1853에 의해서 《주자대전차의집보朱子大全箚疑輯補》로 결실을 맺는다. 그들은 주희의 저술들에서 보이는 부정합적인 요소들을 가려내어 정론을 세우는 작업을 무엇보다 중요한 학술 활동으로 여겼다. 이렇듯 조선이 주자학의 왕국이 되었던 것이 주희에 대한 단순한 존경심의 결과가 아니었음을 알 수 있다.

　이러한 주자학 절대화의 경향은 율곡학파 내부에서 일어난, 사람과 사물의 본성이 같은가 다른가 하는 논쟁, 즉 인물성 동이 논쟁에도 그대로 관철되고 있다. 주희의 《중용장구》와 《맹자집주》의 주석에서 보이는 사람과 사물의 본성에 관한 상반된 견해가 이 논쟁의 시발점이 되었다. 사람 이외의 존재가 사람과 같은 본성을 온전히 가지고 있다는 이간李柬, 1677~1727, 김창협 등의 인물성 동론同論자의 주장이나, 온전히 가지고 있지 못하다는 한원진 등의 인물성 이론異論자의 주장 모두 사람의 도덕성을 기준으로 놓고 있다는 점에서는 마찬가지였다. 전자는 마음이 발동하기 이전의 미발에 순수한 본체가 있어서 선하다고 주장하고, 후자는 마음이 발동하기 이전에도 기의 영향이 있어서 악의 경향성이 있다고 주장한다. 전자가 동일성, 즉 리일에 초점을 맞춘다면 후자는 현실의 다양성, 즉 분수에 근거하고 있다.

　그런데 조선 후기 지식인이 민생

∷ 정경세
조선 중기의 학자. 자는 경임(景任), 호는 우복(愚伏)이다. 유성룡의 제자로 광해군 인조대의 남인의 중심인물이었다.

∷ 이항로
조선 후기의 학자. 자는 이술(而述), 호는 화서(華西)다. 위정척사론을 주장했으며, 화서학파를 이끌었다.

∷ 이준
조선 후기의 학자. 자는 백흠(伯欽), 호는 괴원(槐園)이다. 이항로의 아들로 그의 저작을 도왔다.

∷ 이간
조선 후기의 학자. 자는 공거(公擧), 호는 외암(巍巖)이다. 충청도 출신이 대부분 인물성 이론을 주장하는 데 비해, 인물성 동론을 주장했다.

의 문제는 등한시한 채, 오직 인물성 동이나 미발 심체未發心體의 문제를 다룬 것은 문제가 있다. 이러한 논쟁은 개인과 사회, 보편[理一]과 특수[分殊]를 연결하는 관념적인 장치에 불과하다. 이러한 주제도 철학적인 주제가 될 수 있으나, 그들의 논쟁이 얼마나 현실적인 세계관이나 실천의 차이를 가져왔는지 의문이 든다. 그래도 사단칠정은 인간의 감정에 대한 논의였기 때문에, 생산적인 논쟁을 낳았지만, 인물성 동이 논쟁은 공허한 논쟁으로 결말을 맺게 되었던 것이다.

호론이든 낙론이든 모두 인성의 도덕적인 가치를 지향하고 있다. 인성에 대한 강조가 인간 일반으로 다루어져 있지 개별자에 관한 논의로 들어가지 않는다. 아울러 타 존재에 대한 논의도 이들의 인간 중심적인 분류에 불과하다. 호랑이나 이리에게 인의예지를 주장하는 것이 결국 타 존재에 대한 관심으로 이어지지 않았다. 이론의 차이는 현실적인 실천에서 드러나야 한다. 그런데 호론이나 낙론의 실천은 크게 차이가 나지 않았던 것이다.

홍대용洪大容, 1731~1783이나 최한기崔漢綺, 1803~1877와 같은 일부 실학자들도 이 논쟁에 대한 견해를 밝히면서 자연 세계에 대한 자신들의 관심을 표명한 경우도 있긴 했지만, 대다수의 학자는 오히려 주희의 주석 가운데 어느 것이 올바른가에 관심을 두었다. 즉 주희의 권위에 의해 자기주장을 정당화하는 데 초점을 맞추었던 것이다. 이러한 논쟁은 당시 율곡학파에게 주자학이 바로 옳고 그름을 확증하는 기준이었음을 반증하는 것이다.

영·정조 이후 서울과 경기 지방에 사는 노론계의 일부 지식인에 의해 청조의 고증학이 받아들여져 고증학과 주자학 사이의 논쟁, 즉 한송漢宋 논쟁이 있었다. 문헌 고증을 통해 현실 사회에 접근하려 했던 것이 고증학을 받아들인 측의 입장이었다. 그러나 고증학을 받아들여야 한다고 주장하는 측에서도 전적으로 자신들을 고증학자라고 표방하지 않았을 뿐 아니라, 고증학이 주자학과 배치되지 않는다는 절충론을 주장하기까지 했다. 더구나 고증학은 경전 해석에만 매달림으로써 새로운 세계관을 제시할 수 없었다. 조선의 대표적인 고증학자로 일컬어지는 김정희金正喜, 1786~1856 역시 현실적인 영향력을 발휘할 수 없었다.

율곡학파의 주자학은 전체와 개인의 관계를 완결된 체계로 구성했기 때문에 그 완결성이 무너지지 않는 한 영속되는 체계라고 할 수 있다. 아무리 추상적이고 공허한 이론체계라고 하더라도 각각의 개인이 도덕적인 자기완성을 통해 사회의 구성으로서 역할을 다한다면 이들의 주자학은 여전히 의미 있는 체계로 남을 수 있었다. 따라서 조선은 주자학적 이념을 파기할 수 있는 새로운 세력이 나타날 때까지 이와 같이 절대화되고 교조화된 주자학을 지속시킬 수밖에 없었다.

조선 초기에 사림파와 훈구파의 갈등이 있었다. 훈구파들은 주로 사장학에 관심을 쏟았는데, 이는 서거정徐居正, 1420~1488으로 대표된다.《동문선》에서 나타나듯, 그들은 기존 문학의 성과 위에서, 서울에 모인 지식인을 중심으로 도회적인 세련된 작품을 만들었다. 그것은 사상성보다는 문학의 기교에 치중할 수밖에 없다. 반면 김종직金宗直, 1431~1492 같은 사림 선발 주자의 문학은 기교보다는 사상성, 즉 도덕성의 선양에 치중했다. 그는 투박하지만 이념적 힘이 넘치는 글을 썼다. 훈구와 사림의 대립은 결국 사림파의 승리로 끝난다. 그런데 다시 사림파 중에서도 문장 형식에 관심을 쏟는 그룹이 형성된다. 이들은 서인이나 동인 모두에게서 나타나지만, 특히 서인의 경우에 잘 드러난다. 서인은 크게 이이-김장생의 도학적인 그룹과 정철을 비롯한 문장가 그룹으로 나뉜다. 이들은 나중에 모두 율곡학파로 통합된다.

율곡학파는 극대적인 절의를 강조하는 명분론자이면서 다른 한편으로는 그러한 명분론만으로 세상을 다스릴 수 없다는 것을 잘 알고 있는 현실론자라고 할 수 있다. 율곡학파는 사상적으로는 주자학을 신봉했지만, 문학적으로는 주자학적인 '문이재도文以載道'와 같은 엄격성을 요구하지 않았다.

그들은 문학이 철학에 종속되지 않고 문학 자체의 독자성을 가져야 한다는 점을 과감히 인정했다. 이는 지식인이 자유롭게 자신의 정서를 배설할 통로를 마련하는 시도였다고 보인다. 특히 서울에 거주하던 경화거족은 문인의 자유로운 시문 창작을 후원했을 뿐만 아니라, 정선과 같은 예술인을 후원하기도 하는 등 문단과 예술계에 커다란 영향력을 행사했다. 이러한 이유로 지식인은 기호 노론을 무시할 수 없었다. 이들 가운데 일부는 자유로운 시문 창작을 통해 체제의 모순을 표현하고자 했는데,

이들이 바로 북학파다. 그러나 북학파는 서울과 경기 지방에 한정된 소외된 지식인에 불과해 현실 정치를 근본적으로 변화시키기는 어려웠다.

송시열에 이르러 가장 번성했던 율곡학파는 그 이후 내부적인 분열을 거치면서 학문적으로 여러 갈래의 학파로 나뉘었다. 그중 대표적인 것이 앞서 말한 인물성 동이 논쟁을 벌였던 낙론과 호론이다. 낙론은 동론의 입장을 취하였고, 호론은 이론의 입장을 취하였는데, 이 중 낙론 계열은 서울에 오랫동안 자리 잡고 있었기 때문에, 다른 지방의 노론과는 여러모로 차별성을 띠게 되었다. 이들은 조정의 상황과 국제 정세를 누구보다도 먼저 알았던 만큼 자신들의 지배체제를 묵수적으로 지키려는 경향을 보였다. 그러나 이러한 정보를 변화와 개혁에 활용하려는 일군의 지식인도 그 속에서 나오게 되었는데 그들이 바로 개화파였다. 반면에 호론은 이론의 입장을 취하고 있었고, 율곡학파의 명분론을 계속 고수했다.

율곡학파 계열 중에 주자학이 아닌 양명학자들이 있다. 양명학 이전에 조선에는 심학적인 전통이 있었다. 조선의 심학은 서경덕으로부터 시작된다. 그의 제자인 남언경, 이요李瑤가 있고 그의 제자인 최명길崔鳴吉, 1586~1647, 장유張維, 1587~1638 등이 있었다. 그들은 학파를 형성하지는 못했다. 학파의 형성은 정제두鄭齊斗, 1649~1736로부터 시작한다. 정제두는 선배들의 심학적인 경향을 알고 있었고, 그것을 스스로 터득했다. 그는 20대에 죽을병을

:: **최명길**

조선 중기의 학자, 정치가. 자는 자겸(子謙), 호는 지천(遲川)이다. 만주족과 전쟁 대신에 화의를 도모해, 조선을 구했다. 이는 그 심학적인 결단에서 온 것이다.

:: **장유**

조선 중기의 학자, 정치가. 자는 지국(持國), 호는 계곡(谿谷)이다. 최명길을 도와 주화론을 이끌었다.

:: **왕양명**

명 대 학자. 이름은 수인(守仁)이다. 명 대의 생기 없고 통속화된 주자학에 맞서, 의식 내면의 근원적인 체험을 바탕으로 내면을 수양하는 양명학을 만들었다.

앓게 되자, 스스로 양명학자임을 밝혔다. 이는 조선에서 매우 위험한 일이었다. 이황이 양명학을 이단으로 규정한 뒤에 조선에서 양명학을 주장하면 학문적 지위를 박탈당하는 처지에까지 이르는 지경이었던 것이다. 그럼에도 정제두는 병에서 살아남았고, 조심스럽게 일생을 근신하면서 양명학을 주장했다. 정제두는 일생을 조심조심하면서 연구와 수양 공부를 했다. 이러한 수양 공부는 중간의 병치레에도 불구하고 자신의 운명을 다하는 데 큰 역할을 하였다. 당시는 주자학이 위세를 떨치는 상황이었다. 조금이라도 주자학에 도전하면 사문난적으로 몰아 죽임을 당하였다. 윤휴와 박세당이 그에 해당한다. 윤휴와 박세당은 주자학에 대해서 의문을 제기하고 자기 나름의 주석을 달았다는 이유로 박해를 받았다. 그러나 이러한 이유보다는 그들의 정치적 행동이 노론의 정권에 도전으로 받아들여졌기 때문에 견제와 아울러 핍박을 받았던 것이다.

정제두는 왕양명의 근본 사상인 '심즉리', '치양지致良知', '지행

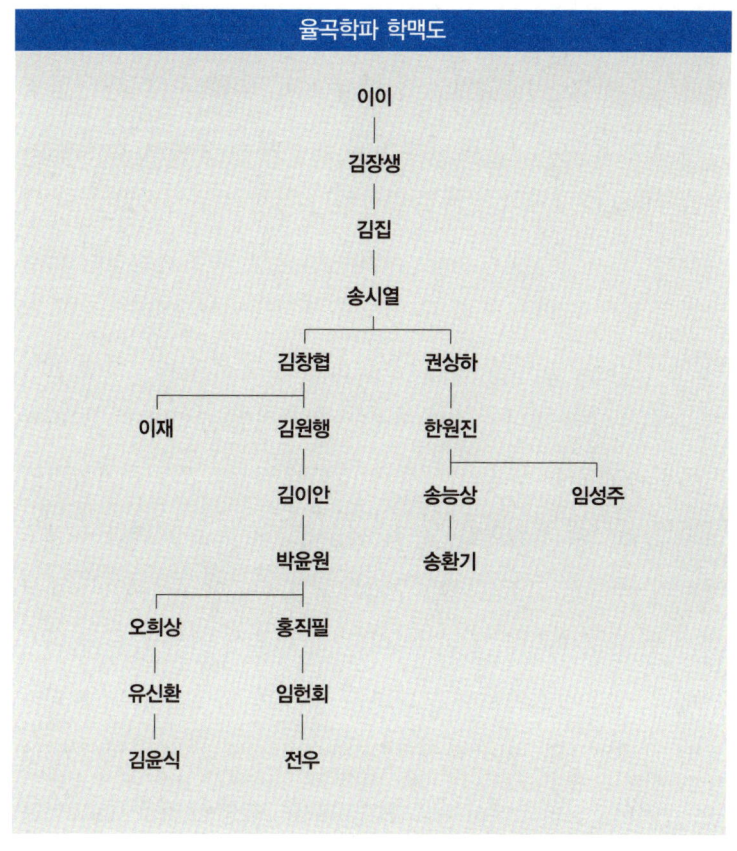

합일설知行合一說'을 계승하고 있다. 왕양명은 주자학처럼 본성이 진리라고 하는 '성즉리'가 아니라, 여기 있는 마음이 진리라고 하는 '심즉리'를 주장한다. 그리고 주자학처럼 시비 판단은 오랜 기간 동안의 경험을 통해서 얻어지는 것이 아니라, 본래의 시비를 판단할 수 있는 선천적인 앎인 양지를 닦고 실천하면 된다고 하는 '치양지설'을 중시한다. 그리고 주자학처럼 앎이 선

만남 · 133

행되고 행동은 그다음이라는 선지후행이 아니라, 앎과 행동을 하나라고 하는 '지행합일설'을 주장한다. 정제두는 이러한 양명학적인 주장들을 그대로 수용하면서, 마음과 양지를 본체로 보고 중시한다. 따라서 주체인 마음이나 양지가 밝아지면 온갖 리는 저절로 밝아진다고 했다. 그리고 마음의 리가 밝아지면 천지만물의 본성을 바르게 할 수 있도록 도와주어야 한다는 것이 그의 생각이다. 여기서 그는 마음의 본체인 양지가 밝아지면 천지만물의 본성이 밝아진다고 하는 양명학적인 주장에 온갖 리가 밝아진다고 하는 중간 과정을 설정한다. 이는 그가 주자학적인 사고를 염두에 두었음을 보여준다. 대상의 리를 고려하지 않고 마음의 리만을 고집한다는 주자학적인 비판에 대항해서, 대상의 리도 고려에 넣은 것이다. 이는 내 마음의 리가 사물에 가서 사물의 리가 발현되도록 도와주는 것이고, 그것이 모든 존재가 자기 자리를 찾는 일이고, 양명학에서 말하는 만물과 하나가 되는 일이다. 주자학에서처럼 친민親民 즉 백성을 계몽으로 삼는 것이 아니라, 양민養民 즉 백성을 도와주는 것이다.

정제두는 《하곡문집》 중 〈사서해〉와 〈경학집록〉 등과 같은 많은 경전 주석서를 쓴다. 이러한 작업은 양명학적인 사고와는 어울리지 않는 것으로 이해가 된다. 그러나 이러한 작업도 동아시아 전체 속에서 바라보아야 한다. 중국에서는 왕양명이 죽고 난 뒤에 양명학의 보편성을 주장하는 학자들은 《사서》에 대한 종합적인 해석을 지향하고자 했다. 《사서》는 주희가 육경을 대신

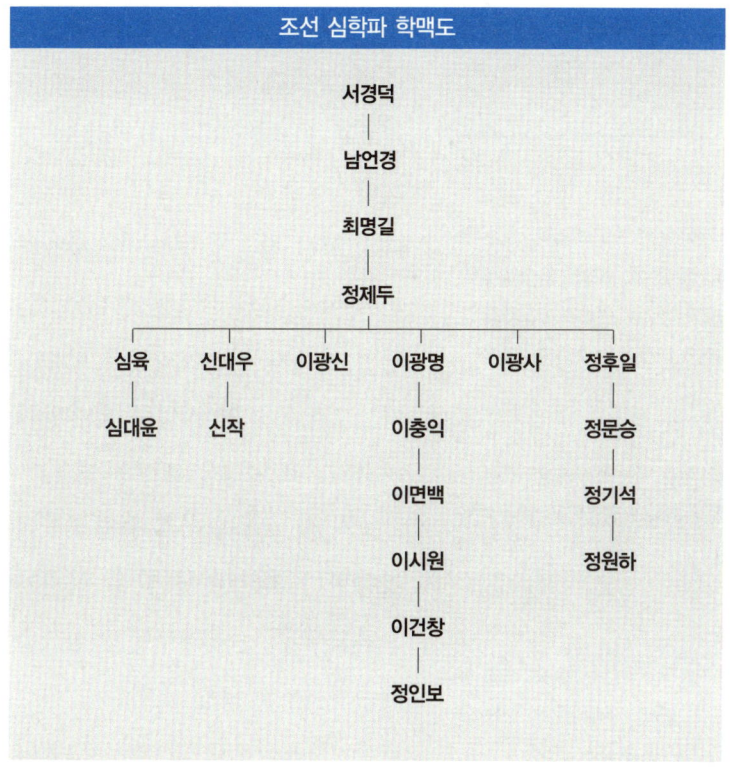

해 사대부의 이념적인 기초를 정초하고자 했던 책이다. 주희의 《사서집주》는 과거의 표준 주석서가 되었다. 양명학 쪽에서는 나여방羅汝芳, 1515~1588이 그 작업을 하고자 했으나, 완성하지 못했다. 나여방은 불교나 도교의 수양론에 맞서 유학의 수양론을 완성하고자 했고, 더 나아가서는 그것을 표준으로 만들고자 했다. 그러나 아쉽게도 이러한 작업은 명나라가 망하고 청나라가 들어서면서 끊어졌고, 이러한 해석을 고증학이 대체했다. 그렇다면 고증학적 경향으로 흡수되어버린 중국 양명학자들의 경전에 대한 종합적 해석 경향은 조선의 정제두가 계승했다고 보아야 할 것이다. 정제두가 이 작업을 계승할 수 있었던 것은 양명학적인 사고뿐만 아니라 그의 해박한 주자학적인 경전 이해가 뒷받침되었던 덕분이다. 그러나 그의 작업도 나여방과 마찬가지로 완성을 보지 못했다.

정제두는 61세 이후에 강화도에 정착한다. 이로부터 많은 학자가 강화도에 가서 정제두에게 심학을 배우면서부터 조선 심학파가 형성된다. 대표적으로 몇 개의 그룹이 있다. 이 중 이광사李匡師, 1705~1777, 이광신李匡臣, 1700~1744, 이광려李匡呂, 1720~1783, 이충익李忠翊, 1744~1816, 이시원李是遠, 1790~1866, 이건창李建昌, 1852~1898으로 이어지는 전주 이씨 덕천군파 그룹이 가장 두드러진다. 그 밖에 신대우申大羽, 1735~1809, 신작申綽, 1760~1828으로 이어지는 평산 신

::: 이광사
조선 후기의 학자. 자는 도보(道甫), 호는 원교(圓嶠)다. 정제두의 제자인 윤순(高橋亨, 1878~1967)에게 서체를 배워 원교체를 만들어, 추사체와 더불어 한 축을 형성했다.

::: 이광신
조선 후기의 학자. 자는 용직(用直), 호는 항재(恒齋)다. 주자학과 양명학을 모두 수용하고자 했다.

::: 이광려
조선 후기의 학자. 자는 성재(聖載), 호는 월암(月巖)이다. 고구마 재배나 기와 굽는 법 등 실용적인 학문에 관심이 있었다.

::: 이충익
조선 후기의 학자. 자는 우신(虞臣), 호는 초원(椒園)이다. 유불선 삼교를 공부했고, 고증학에도 일가견이 있었다.

::: 이건창
조선 후기의 학자. 자는 봉조(鳳朝), 호는 영재(寧齋)다. 서구 열강에 반대하면서 개혁 정책을 실시하고자 했다.

씨 그룹이 있고, 심육沈錥, 1685~1753, 심대윤沈大允, 1806~1872으로 이어지는 청송 심씨 그룹, 정동유鄭東愈, 1744~1808, 정인보鄭寅普, 1893~1950로 이어지는 동래 정씨 그룹이 있었다.

이들 학파는 양명학을 넘어서, 청대 고증학을 받아들이기도 하였다. 경학, 사학, 음운, 예술 방면에 대한 이들의 연구는 다양하다. 이는 단순히 주관적인 양명학에 그친 것이 아니라 객관적인 학문 체계를 수립했음을 뜻한다. 정제두가 양명학의 궁극적인 지점에 도달했다면, 그의 제자들은 그것을 바탕으로 양명학에 한정되지 않고 더 넓은 학문의 세계로 나아갔던 것이다. 양지에 대한 체험을 바탕으로 이들은 문학, 사학 등의 방면에서 경세학적인 학문을 세우고자 했던 것이다. 이들 가운데는 양명학을 비판하는 학자들도 있었다. 이러한 것은 당시 정국에서 불가피한 일이든, 아니면 개인적인 소신이든 간

:: **신작**
조선 후기의 학자. 자는 재중(在中), 호는 석천(石泉)이다. 고증학을 연구했고, 정약용과 《상서》에 대해 토론했다.

:: **심육**
조선 후기의 학자. 자는 화보(和甫), 호는 저촌(樗村)이다. 주자학적인 사고를 위주로 하면서도 심학적인 사고를 겸했다.

:: **심대윤**
조선 후기의 학자. 자는 진경(晉卿), 호는 백운(白雲)이다. 경전에 대한 주석서를 내었고, 공동의 복과 이익을 주장했다.

:: **정동유**
조선 후기의 학자. 자는 유여(愉如), 호는 현동(玄同)이다. 박물학에 관심이 많았고, 특히 언어 음운학에 조예가 깊었다.

:: **정인보**
일제 강점기의 학자. 자는 경업(經業), 호는 위당(爲堂)이다. 양명학을 현창했으며, 일제 강점기에 조선학 운동을 주도해 민족의 얼을 보존하고자 했다.

에, 양명학으로만 규정하는 것은 문제가 있다. 주자학적인 사고도 용납하는 것이 조선 심학의 포용성이다.

　현실에서 이념은 그대로 적용되지 않는다. 그래서 현실을 어떻게 하든지 이념으로 환원하거나, 이념을 통해 현실을 적용하려는 유혹에 빠지기 쉽다. 퇴계학파와 율곡학파를 통해 정치적 사건을 설명하고자 하는 시도는 좋지만, 그것은 엉성한 이론과 현실의 접합에 빠지기 쉽다. 그럼에도 조심스럽게 생각해보면 율곡학파가 퇴계학파보다 인원과 힘에서 더 우위를 차지한 것은 아마도 율곡학파가 인간의 객관적인 감정이나, 현실적인 리를 추구했기 때문일 것이다. 그런데 퇴계학파에서 천주교를 믿는 학자들이 나타난 것이나, 율곡학파에서 양명학을 믿는 학자들이 나타난 것은 역사의 아이러니가 아닐 수 없다. 이단을 배척하는 속에서 이단적인 사고가 출현한 것이다. 퇴계학파나 율곡학파 본류가 아니라 오히려 이러한 이단들 속에서 새로운 철학의 가능성을 모색하는 것이 의미 있는지도 모른다. 퇴계학파나 율곡학파의 본류는 현실의 권력에 집착한 나머지 이황이나 이이의 창조적 생각을 계승하지 못하고 있다.

李滉

Chapter 3

대화
TALKING

李珥

🎙 대화

이황과 이이의 가상 대화

|사회자| 이황 선생과 이이 선생을 모시고 대화를 시작하기로 하겠습니다.

|이이| 선생님 안녕하십니까?

|이황| 1558년에 자네가 나를 찾아온 뒤, 한 번도 못 보았네. 이번이 두 번째인가 보네. 처음 만났을 때는 별말이 없더니, 그 이후에 나를 공격하던데…….

|이이| 선생님 그때는 아직 제가 어렸고, 이론도 확립되지 않았을 때입니다. 너무 노여워하지 마십시오.

|이황| 그럼세.

|사회자| 먼저 사단 칠정에 대해서 살펴보겠습니다.

|이이| 선생님은 사단과 칠정의 관계를 병행 관계로 보셨는데, 제가 생각하기에는 포함 관계로 보아야 합니다. 사단도 칠정 가운데 절도에 맞는 것이 사단이지, 따로 사단이 있는 것이 아닙니다.

|이황| 자네의 주장은 별로 새로운 주장이 아니네. 자네는 이미 기대승이 주장한 것을 답습하고 있네. 그래서 다시 논쟁하기 싫네. 사단은 결코 칠정과 같지 않네. 그 예를 하나 들어보겠네. 사단은 인간의 내부에서 나오는 도덕적인 감정인 데 비해, 칠정은 대상과의 자극에서 나오는 일반적인 감정이네.

|이이| 그렇지 않습니다. 사단도 여전히 대상과의 자극에서 나오는 것입니다. 예를 들면 어린아이가 우물에 빠지면 구해주어야 한다는 측은지심도, 여전히 우물에 빠진 어린아이라는 대상을 보고 나오는 것입니다. 그래서 칠정과 다를 바가 없는 것입니다.

|이황| 자네는 여전히 현상만 보고 있구먼. 측은지심이 어린아이라는 대상과 관련해서 나오기는 나오는 것 같지만, 그 근원이 본래 우리 마음속에 있는 본성이라네.

|이이| 아니라니까요.

|사회자| 토론의 열기가 과열되는 것 같습니다. 우선 이황 선생님은 사단은 안에서 나오는 것이라고 주장하고, 이이 선생님은 밖의 대상과의 관련 속에서 나오는 것이라고 주장합니다. 맞습니까?

|이황, 이이| 맞습니다.

|사회자| 제가 보기에는 사단은 안과 밖 모두 관련되는 측면이 있는 것 같습니다. 아니, 사단은 안과 밖을 넘어서는 자리가 있는 것 같습니다. 그 자리가 안과 밖을 모두 가능하게 하는 것은 아닐까요?

|이황| 도통 무슨 이야기인지 모르겠네. 어쨌든 자네는 사단이라는 자리의 특수성을 인정하는 것 같네.

|이이| 사회자가 겉으로는 모두 인정하는 것 같지만, 이황 선생님을 편드는 것 같습니다. 사회자의 의견은 요사이 유행하는 포스트모던적인 생각에 가까운 것 같습니다.

|사회자| 이이 선생님은 역시 세상 물정에 밝으시군요. 그런데 비슷하지만 아닙니다. 포스트 모던에서는 주체가 없지만, 사단에

서는 공부의 주체가 있습니다. 그러면 계속 논의를 진행하기로 하겠습니다. 다음은 리의 자발성 여부입니다.

|이황| 내가 먼저 이야기하지. 사단은 리가 발동한 것이고, 칠정은 기가 발동한 것이라네. 여기서 리의 발동은 매우 어려운 문제지. 주희 선생님도 리는 감정이나 의지가 없고 조작이 없는 것이라고 했어. 그러면서 현실에는 리가 드러나는 것임을 인정하셨다네.

|이이| 리는 결코 발동하지 않습니다. 주희 선생이 말한 것은 한때의 이야기에 지나지 않습니다. 리가 움직인다면 객관성을 담보하지 않습니다. 리는 무위, 즉 아무런 작용도 없어야 합니다.

|이황| 어허! 리가 아무런 작용도 없다니. 그러면 기가 주도권을 행사하게 된다네.

|이이| 저의 이론을 가지고 주기론이라고 하는 일본인 학자도 있다고 합니다. 하지만 저의 이론은 결코 주기론이 아닙니다. 저는 기를 어떻게 제어해야 할까를 논의했을 뿐입니다. 어쨌든 리는 운동성이 있어서는 안 됩니다.

|사회자| 제가 다시 끼어들겠습니다. 이황 선생님은 리의 운동성

을 인정하는 쪽이고, 이이 선생님은 리의 운동성을 인정하지 않는 쪽입니다. 이황 선생님은 강렬한 나 속에서 리가 발동하는 측면에 초점이 있고, 이이 선생님은 인간의 일반적이고 객관적인 측면에 관심 있는 것 같습니다. 이황 선생님은 실존적인 경향이 있는 데 비해, 이이 선생님은 제3자적인 경향이 있는 것 같습니다. 맞습니까?

|이황, 이이| 맞네.

|사회자| 다음은 인심 도심에 대한 논의입니다.

|이이| 이황 선생님은 여전히 인심 도심에서도 인심이 도덕적인 원칙에 맞는 경우라도 도심이 될 수 없다고 주장합니다. 여전히 도심과는 구분이 되어야 한다는 것이지요. 제가 생각하기에는 사단 칠정과 마찬가지로 인심이 원칙에 맞으면 도심이 되어야 합니다.

|이황| 물론 그런 측면이 있지. 그러나 인간의 도덕적인 의식이라고 하는 것은 그 자체로 존중받아야지 사회적인 기준을 따라야 하는 것과는 구별이 되어야 하네.

|사회자| 두 분 선생님은 조금도 양보를 안 하시는군요. 어쨌든 좋

습니다. 시간도 다 되어가니 제가 결말을 내고자 합니다. 두 분 선생님의 논의는 중국에서는 보이지 않습니다. 조선 유학의 특징이라고 할 수 있겠습니다. 현실적으로 감정의 처리가 중요하게 되는 것 같습니다. 그런데 두 분 선생님은 알고 계십니까? 두 분 이후에 사단 칠정을 둘러싸고, 학파 간의 논쟁이 벌어져 당파 싸움으로 변질된 사실 말입니다.

|이황| 나도 가슴 아프게 생각하네.

|이이| 어차피 겪어야 할 문제입니다.

|사회자| 이이 선생님은 역시 냉정하시군요. 제가 생각하기에 두 분이 이런 논쟁을 하신 것은 인간의 변화 가능성 때문이 아닌가 싶습니다. 이런 논쟁이 말만으로 끝나고, 자신이 변화하지 않는다면 쓸데없는 것입니다. 이론이 실천의 변화를 가져와야 합니다. 제가 너무 말이 많은 것 같습니다. 그럼 이만 토론을 끝내기로 하지요. 두 분 선생님 와주셔서 고맙습니다. 안녕히 가십시오.

李滉

Chapter 4

이슈
ISSUE

李珥

😎 이슈 1

주리·주기론에 대한 비판적 분석

다카하시에 대하여

지금도 고등학교 국사 교과서나 윤리 교과서를 보면 퇴계학파는 주리론, 율곡학파는 주기론으로 분류한다. 그런데 이 주리·주기론이 일제시대 일본인 학자 다카하시 도루高橋亨, 1878~1967에게서 나왔다고 하는 사실은 잘 알려져 있지 않다.

다카하시 교수는 우리말은 썩 잘 했지만, 곧잘 조선인을 멸시하는 통에 질색이었다. 다카하시는 대구고보 교장으로 있을 때, 자녀들이 학생으로 있는 양반집에 찾아가 문집을 공짜로 적잖이 수집했다.

이충우,《경성제국대학》, 다락원, 1980, 110쪽

조윤제가 다카하시 교수의 출장 명령을 받고, 제주도로 민요 채취를 다녀왔는데, 이 조사한 내용을 모두 내놓으라고 명한 것이다.

같은 책, 197쪽

졸업을 앞두게 되니 그때까지는 별로 신경을 쓰지 않았던 취직 문제가 다급할 수밖에 없었다. 나는 제2 강좌 주임(실제로는 제1 강좌였음-필자) 다카하시 선생을 찾아가 의논했다. 어학 담당인 오구라 선생을 찾는 것이 도리였겠지만, 그런 문제에는 다카하시 선생이 적임자였다. 다카하시 선생의 주선으로 나는 졸업과 동시에 취직이 됐다. 경성사범학교 교유(교수) 자리였다.

이희승, 《딸깍발이 선비의 일생-일석이희승회고록》, 창작과 비평사, 1996, 94쪽

경성제국대학 학생에게 다카하시는 복합적인 감정을 자아내는 인물이었다. 그들은 다카하시를 백안시하면서도, 무시할 수는 없었던 것이다. 그들이 보기에 다카하시는 매우 문제가 많은 학자였고, 학자적 자질을 의심받고 있었다. 왜냐하면 학문적 연구에 힘을 쓰는 이판理判 교수가 아니라, 교육 행정 일을 담당하는 사판事判 교수였기 때문이다. 그러나 다카하시를 부정하는 것은 곧 자신을 부정하는 것이 된다. 경성제국대학의 현실적 한계가 바로 여기서 드러난다. 이러한 점이 다카하시를 잊혀진 인물로, 아니 잊고 싶은 인물로 만들게 했던 것 같다.

다카하시는 1898년 도쿄 제국대학 문과에 입학해, 1902년에 도쿄 제국대학 한문과를 졸업했다. 도쿄 제국대학 한문과는 나

중에 문학·사학·철학과로 분리된다. 그는 사학을 전공했지만, 문학·철학을 함께 배웠다. 그리고 이노우에 데쓰지로井上哲次郎, 1856~1944의 서양철학 분류법에 입각한 동양철학과 다케베 돈고建部遯吾, 1871~1945의 진화론에 영향을 받았다. 진화론에 입각한 우등과 열등 이론의 영향으로 그는 조선과 조선인을 멸시하게 되었다. 그리고 근대적인 사고에 입각한 유학을 연구함으로써 새로운 눈을 뜨게 된다.

다카하시는 학교를 졸업한 후, 잠시 《규슈 일보九州日報》 주필을 하다가 1903년 조선 정부 초청으로 조선에 건너와, 한성중학교 지금의 경기고등학교 교사가 된다. 시데하라 히로시幣原坦, 1870~1953의 후임으로 부임한 것이다. 이 시기 그는 한글에 관심을 가지고 《한어문전》을 간행한다. 이 책은 일본인에게 한국 사정을 이해시키기 위해 쓰였다.

그 뒤 조선 총독부 내무부장과 학무국장의 추천으로 조선 총독부 촉탁이 된다. 그가 맡은 종교 조사 촉탁은 그의 인생에 중요한 전환점이 된다. 그는 조선 총독부의 명령으로 합방 직후 유생의 동향을 조사하기 위해 삼남 지방을 돌아다니다가, 의병장의 책상에 《퇴계집》이 놓여 있는 것을 보고 놀라, 조선 유학을 연구하게 된다. 또한 사고史庫 조사를 위해 오대산 월정사에 머무르면서, 승려의 근면하고 바른 행동을 보고, 조선 불교를 연구하게 된다. 이어서 그는 도서 조사 촉탁을 역임한다. 그리고 조선의 고문서와 규장각 도서를 정리해, 정만조鄭萬朝, 1858~1936

등과 함께 《조선도서해제朝鮮圖書解題》를 만든다. 그리고 장지연張志淵, 1864~1921과 공자의 교와 송 대 유학에 관해 논전을 벌인다.

다카하시는 1916년부터 대구고등보통학교 교장을 역임한다. 그는 이때 영남 지방의 주요 문헌들을 섭렵·소장했다고 한다. 그 후 1919년 〈조선의 교화와 교정〉이라는 논문을 제출해 도쿄제국대학 문학 박사 학위를 취득한다. 같은 해 3·1 운동이 일어나고 사이토 마코토齋藤實, 1858~1936 총독이 부임해 '문화 정치'를 표방하며, 고도의 식민지 통치술로서 조선사 편수 사업을 일으킨다. 다카하시는 조선 총독부 시학관이 되어 여기에 참가한다. 당시 대중 강연의 일종으로 조선사 강좌가 열렸는데, 이때 그가 발표한 것이 〈조선유학대관〉이다.

당시 이승훈李昇薰, 1864~1930을 중심으로 조선인 사이에서 인재 양성을 목적으로 하는 민립 대학 준비 운동이 일어난다. 그러자 일본은 그에 맞서 경성제국대학을 세우게 된다. 다카하시는 대학 창설 준비 위원회 간사가 되어 중심 역할을 맡는다. 그는 조선이 유학의 뿌리가 깊고 장로 격의 학자들도 있기 때문에, 이것에 대항하기 위해서는 핫토리 우노키치服部宇之吉, 1867~1939 같은 학문과 행정에 뛰어난 사람을 총장으로 추대해야 한다고 조선 총독에게 건의해 실현시킨다. 그 뒤 다카하시는 경성제국대학 법문학부 조선어학과에서 문학 제1 강좌를 담당하는 교수가 된다. 그는 여기서 주로 문학사와 사상사를 강의한다. 그리고 이때 《이조불교》와 〈이조유학사에 있어서 주리주기파의 발달〉을 집필

이슈 · 151

한다.

경성제국대학 교수이던 다카하시는 경학원 강사1913~1945와 경학원 잡지 고문도 함께 맡는다. 경학원은 유학 이념을 통해 조선의 지배를 공고화하기 위해 만든 단체다. 사이토 총독은 조선인의 정신을 일본화하기 위해 경성제국대학을 통한 유교 인재 양성을 꾀한다. 그러나 법규상의 문제가 생기자 그만둔다. 이러한 구상에 다카하시가 중요한 역할을 한다. 그것이 실패로 끝나자, 1930년 경학원에 명륜학원을 설립한다. 명륜학원의 교육 목적은 "황국 정신에 기초해 유학을 연구하고 국민 도덕의 본의를 천명해 충성스런 황국 신민을 양성한다"는 것이었다. 그가 쓴 논문 〈왕도王道 유도에서 황도皇道 유도로〉는 이것을 잘 설명한다. 이러한 인연으로 그는 1944년에 명륜연성소練成所 소장을 지낸다.

한편 다카하시는 18년간의 경성제국대학 교수를 그만두고(그가 자신의 후임으로 좌파 김태준金台俊을 추천한 것은 아이러니다) 1940년 혜화전문학교 교장에 취임한다. 그는 중앙불교전문학교를 혜화전문학교로 바꾸고, 교육 체제도 전면적으로 바꾼다. 조선인 승려가 지닌 민족주의를 타파하고 일본화된 불교를 가르치는 것이 주된 목적이었다. 이처럼 다카하시는 현재의 서울대학교, 성균관대학교, 동국대학교 설립에 막강한 영향력을 행사했다.

해방 후 다카하시는 일본 덴리 대학天理大學 교수가 되었다가 은퇴한다. 그의 조선에 대한 관심은 계속 이어져 스에마쓰 야스

가즈末松保和, 1904~1992 미시나 쇼에이三品彰英, 1902~1971 와타나베 마나부渡部學, 1913~1991 아베 요시오阿部吉雄, 1905~1978 등과 조선학회를 조직하고 《조선학보》를 창간한다. 그때 그는 한국 학자들을 초청해 조선학회를 열고, 한국학에 대한 영향력을 행사하려고 했던 것으로 보인다. 그는 조선에 관한 연구를 계속하지만, 여전히 식민 사관을 버리지 않는다. 이 점은 〈조선의 양명학파〉나 〈정다산의 대학 경설〉이란 논문에서 확인된다.

다카하시는 미국의 한국학 연구에까지 영향을 끼쳤다. 미국 하버드 대학교 에드워드 와그너 교수Edward W. Wagner, 1924~2001는 다카하시에게 한국학을 배웠다. (와그너 교수의 하버드 제자들이 한국에 대해 부정적인 인식을 가지고 있는 것은 다카하시의 영향이 아닌가 생각된다.) 와그너가 다카하시에게서 어떠한 영향을 받았는지도 앞으로 연구해야 할 과제다.

이상에서 본 다카하시는 노골적으로 조선과 조선인을 멸시하는 등, 악질적인 식민지 관료이자 교수였다. 그럼에도 그가 근대적인 의미에서 조선의 유학을 연구한 최초의 학자라는 점은 무시할 수 없다. 그가 조선 유학의 학파별 분류와 지역별 분류를 넘어서 '주리·주기론'이라는 개념적 분류를 시도한 점에서 "사람은 밉지만, 이론은 미워할 수 없다."

다카하시의 조선 유학사 연구

다카하시의 경력은 화려하다. 그는 경성제국대학 교수 외에 한성중학교 교사, 조선 총독부 촉탁, 대구고등보통학교 교장, 경학원 강사, 혜화전문학교 교장, 명륜연성소 소장을 지낸다. 주로 교육과 관련 있는 직책으로 정치나 외교 분야와 같이 전면에 드러나지 않지만 매우 중요한 자리임에 틀림없다. 특히 서울대학교, 성균관대학교, 동국대학교의 전신이 되는 학교들을 세우는 데 상당한 영향력을 끼쳤다. 아울러 사이토 총독의 문화 정치에 자문 노릇까지 한 것으로 볼 때, 그의 위상이 심상치 않다.

그러나 다카하시는 이러한 행정가적 능력만 있었던 학자가 아니었다. 그는 '조선 사상사' 분야에서 매우 뛰어난 업적을 남겼다. 이 점이야말로 그를 다시 살펴보게 하는 이유다.

다카하시가 처음부터 조선 사상사를 쓰려 했던 것은 아니었다. 그는 조선과 조선인에 대해 뿌리 깊은 우월 의식을 지니고 있었다. 그의 이러한 의식은 도쿄 제국대학 지도 교수였던 다케베 돈고의 진화론에 영향을 받았다. 진화론에 입각한 우등과 열등 이론에 따라 그는 철저히 조선과 조선인을 멸시했다.

그가 〈조선인〉이란 글에서 조선의 사상을 고착성과 사대성으로 파악한 것도 '열등'한 조선 민족에 대한 일본인의 우월감을 드러낸 것이다. 그러나 다카하시가 조선 총독부 촉탁 자격으로 조선의 종교를 조사한 것은 그의 인생에 중요한 전환점이 된다. 그는 《퇴계집》을 보고 조선 유학을 연구하게 되고, 오대산 월정사 승려의 근면하고 바른 행동을 보고 조선 불교를 연구하기 시작한다.

이로부터 조선에 대한 다카하시의 부정적 시각이 긍정적으로 바뀐다. 하지만 그것조차 '황국 신민'을 만든다는 목적에서 나온 것이다. 그는 조선 사상사를 3부작으로 구상했다. 조선의 불교, 조선의 유학, 조선의 특수 종교가 그것이다. 그중 조선의 불교만 완성되고 나머지 둘은 미완성으로 남았다.

다카하시는 《이조불교》를 써서 조선 불교사를 정리했다. 신라나 고려에 비해 조선에서 불교는 실제적으로 거의 명맥만 유지하는 수준이었다. 그는 조선 불교라는 불모지에 학맥을 정리하고, 조선 불교가 어떻게 국가와 관계를 맺었는가를 상세히 논했다. 일종의 교리사라기보다는 정치사 혹은 사회사적 연구였다. 그의 연구는 조선 불교의 무력함과 일본 통치의 정당성을 서술하려고 했다. 이러한 점에서 다카하시의 연구는 식민주의 사관에 머물러 있다. 그의 식민 사관은 특징은 첫째, 정치와 종교 관계에 주목한다는 것이다. 조선 불교가 국가로부터 버림을 받는 비정상적인 관계라고 보고, 조선 총독부의 보호를 받아야 한다고 주장한다. 그리하여 조선 총독부의 사찰령이 조선 불교를 '구제'해야 한다고 하고, 더 나아가서는 기독교와 서양을 물리치는 첨병이 되어야 한다는 것이다. 둘째, 이러한 관계가 잘못되어 조선 불교가 퇴보했다고 주장한다. 그런데 다카하시의 조선 불교의 연구에서 약점은 첫째, 종교사회학이라는 근대적 학문 방법론을 택하고 있지만, 식민주의적 관심으로 인해 '깨침'의 문제에 소홀했다는 것이다. 둘째, 조선 불교를 '퇴보'라는 관점에서 바라보아 '생명력의 유지'라는 측면을 도외시했다. 조선 불교가 외압에 의해 지도적인 경향을 갖지 못했다고 하더라도, 여전히 살아서 기능하고 있었다. 조선 불교는 보조선 임제선 논쟁을 하면서, 나름대로의 현실 대응력을 키우고 있었다. 승병 문제와 유교와의 조화론도 현실 사회에 적응하기 위한 하나의 대응이었다. 이러한 것들이 주로 유교 지식인에 대응하는 방식이었다면, 염불이나 범패 등은 자신의 활로를 민중 속에서 실현하고자 했던 방법인 것이다.

그러나 다카하시가 조선 사상 연구에서 가장 역점을 둔 것은 유학이었다. 퇴계학파를 주리파, 율곡학파를 주기파로 규정한 그의 이론이 아직까지 한국 고등학교 교과서에 그대로 인용되는 점만 보아도 그의 연구가 상당 수준이었음을 짐작할 수 있다.

처음에는 다카하시도 조선 유학을 대수롭지 않게 생각했다. 《이조불교》를 쓴 다음, 《이조유학》은 쉽게 쓸 수 있을 거라고 생각했다. 그러나 조선 유학은 공부하면 할수록 어려웠다. 왜냐하면 주자학이라는 보편적 틀 속에 규정돼 있는 조선 유학을 연구하기 위해서는 중국 철학에 대한 체계적인 지식이 있어야 하는데 그에게는 그 부분이 부족했다. 현상윤玄相允, 1893-?의 《조선유학사》 서평에서 그가 "조선 유학을 비판적으로 보고, 그 논쟁이나 학파의 대립에 대해 일가견 있는 비판을 하려면, 시비 모두 근본으로 소급해 송학 특히 주자학을 구명하고 이에 덧붙여 변치 않는 자신의 견해를 피력하지 않으면 안 된다"고 한 것은 아마도 자신에 대한 말이었는지도 모른다.

조선 멸망의 필연성을 주리파와 주기파의 대립에서 찾은 다카하시 이론의 문제점을 지적하기 전에 '주리·주기' 개념을 이해할 필요가 있다. 이 개념은 조선에서 이황이 가장 먼저 언급했다. 이황은 사단을 주리, 칠정을 주기로 파악해 다음과 같이 정리한다.

> 리가 발해 기가 따르는 경우가 있는 것은 리를 주로 해서〔主於理〕말한 것이며, 사단이 이것이다. 기가 발해 리가 타는 경우가 있는 것은 기를 주로 해서〔主於氣〕말한 것이며, 이것이 칠정이다.
>
> 《퇴계집》, 권16, 〈답기명언答奇明彦〉

이처럼 이황은 사단과 칠정이 개념적으로 주리와 주기로 분리될 수 있다고 생각했다. 이에 대해 기대승은 사단과 칠정은 모두 리와 기로 이루어진 것이며, 같은 종류지만 지나침과 모자람의 유무로 구분될 뿐이라고 한다. 이이는 기대승의 비판을 이어받아 사단과 칠정의 분리를 반대하고, 사단과 칠정 모두 기가 발해 리가 타는 것〔氣發理乘一途說〕이라고 규정한다.

이황의 사상을 계승한 퇴계학파는 사단과 칠정을 주리·주기의 기준으로 삼아, 사단과 칠정의 분리를 반대하는 율곡학파를

이슈 · 157

주기론으로, 자신들은 주리론으로 규정짓는다. 특히 이진상은 "이황이 제창한 학설의 본뜻은 '주리'"라고 천명했다.

그러나 율곡학파는 주기론으로 자신들의 동일성을 확보하려 하지도 않았고, 퇴계학파를 주리론이라고 규정짓지도 않았다. 율곡학파는 사단칠정을 주리·주기로 분류하는 이황의 방식을 비판한다. "사단은 리의 발동이고, 칠정은 기의 발동"이라는 데서 출발한 이황이, 떨어질 수 없는 관계인 리와 기를 분속하는 것을 합리화하기 위해 한 설명이라고 보는 것이다.

그리하여 율곡학파는 "사단은 리의 발동이고 칠정은 기의 발동이다"라는 말이 주희의 권위에 의지하고 있음에 주목한다. 그들은 이러한 말이 《주자어류》에 단 한 번 보인다고 주장하고, 주희의 이 말은 기록자의 착오거나 한순간의 견해일 뿐이라고 비판한다. 따라서 이 말은 주희의 철학 체계에 맞지 않는다는 것이다.

이는 문제를 해결하는 것이 아니라 해소하려는 것이다. 그들은 주희의 말에서 자신들의 주장을 뒷받침할 부분을 골라내 그 진위 여부를 가림으로써, 자신들의 주장이 올바름을 증명하고자 했다. 그 결과가 송시열에서 시작해 권상하權尙夏, 1641~1721를 거쳐, 한원진이 완성한 《주자언론동이고朱子言論同異攷》다.

이처럼 조선 시대의 주리·주기론은 퇴계학파가 일방적으로 선언한 것에 불과하다. 그런데 다카하시가 나타나 주리·주기를 철학적·범주적 개념으로 이용해 조선 유학의 근대적 재구성을 시도했다. 이는 조선 유학의 학파와 지역별 분류를 넘어서 개념적인 분류를 시도한 최초의 성과다.

그는 당시의 일제 어용학자(정만조, 여규형呂圭亨,1848~1921,·윤희구 尹喜求, 1867~1926 등이 대표적인 인물들이다)들이 여전히 퇴계학파를 따르는 남인과 율곡학파를 존숭하는 노론으로 나뉘어 있는 것을 보고, 이 둘을 가르는 기준을 사단칠정에서 찾았다. 그런데 이러한 태도는 당파와 철학 이론을 결합시킴으로써, 조선이 멸망한 계기를 당쟁과 연결하려는 의도를 깔고 있었다. 그는 〈조선유학대관〉에서, 조선의 사상이 640년 동안 주자학 일변도로 고착되어 진보·발전성을 상실했다고 하면서, 이를 국민성과 연결 짓는다. 또 정당과 학파의 결합이 그 뚜렷한 특징이라고 논한다.

다카하시는 사단칠정을 기준으로 퇴계(영남)학파와 율곡(기호)학파를 나누고, 그것을 주리·주기의 틀에 넣어 조선 철학사에 관철시킨다.

그러면 다카하시의 주장이 지닌 문제점을 살펴보자. 우선 다카하시의 주장은 조선 철학사 전체를 포괄하는 도식이 되기에 적절치 못하다. 이것은 다카하시 자신이 이미 사단칠정을 기준으로 조선의 모든 유학자를 영남(주리)과 기호(주기)로 구분하는 것은 타당하지 않다는 것을 알고 있었고, 그래서 이 기준에 맞지 않는 학자들을 따로 분류했다는 사실에서 잘 나타난다.

정경세는 퇴계학파에 속하지만 사단칠정에 대해서는 이이의 견해를 취한 경우이고, 박세채朴世采, 1631~1695는 율곡학파지만 이이를 비판했으며, 임영·조성기·김창협은 율곡학파지만 이이와 이황의 학설을 '절충'한 경우로 분류한 것이다.

다음으로는 사단칠정에 대한 각 학파의 입론 차이를 주리·주기로 명명할 수 있는가 하는 문제다. 사단칠정이 기준이 된다는 것은, 사단을 칠정 속에 포함시키느냐 아니냐에 따라 학파적 성격을 구분할 수 있다는 것이다.

다카하시에 따르면 사단이 칠정에 속하느냐 속하지 않느냐는 문제는, 단순히 도덕적인 감정과 일반적인 감정의 관계를 어떻게 보느냐는 것에 그치지 않는다. 한 걸음 더 나아가, 이기심성理氣心性의 이해에 대한 근본적인 차이를 드러내는 것이라고 한다.

이황은 사단(도덕적인 감정)을 칠정(욕망 전반을 포함하는 일반적인 감정)과 구분해야 한다고 주장한다. 그리하여 사단은 리를, 칠정은 기를 주로 한다. 이것은 리가 기의 움직임[發]을 빌리지 않고도 스스로 움직인다는 사고로 연결되고, 당연히 이황의 철학은 주리론이 된다. 이이는 리발을 인정하지 않고, 따라서 사단은 칠정 가운데 선한 부분일 뿐이라고 한다.

그런데 이이는 "어떻게 칠정 중에서 순수하고 완전하게 리에 해당하는 사단이 발생했는가?"란 문제를 제기한다. 이이의 논지는 기가 곧바로 리를 실행할 수 없다는 것에 초점을 둔 것으로, 리와 기의 대립에 주목한 것이다. 그는 이러한 문제를 해결하기 위해 '본연의 기'라는 신조어를 만들어낸다. 기에는 본연의 기가 있어, 그것은 순수하고 청명해 리를 싣고, 리 그 자체로 움직여 그대로 정(사단)이 된다는 것이다. 이 '본연의 기'에 대한 관심은 늘 율곡학파의 중심 과제가 됐다. 그러나 이이가 "담일 청허한 기는 없는 경우가 많다"고 언급하고 있듯이, 율곡학파는 '본연의 기'를 리와 같은 보편적인 것으로 인정하지 않는다. 다카하시는 이황과 이이의 차이를 다음과 같이 말한다.

> 두 사람의 리기설에서 가장 근본적이고 중요한 차이는 선한 정情과 악한 정의 근원을 주로 리 쪽에 두는가, 기 쪽에 두는가에 있다. 즉 이황은 리 그것에도 악한의 발동을 인정하기 때문에, 리가 충분히 기를 지배한다면 정은 모두 리발이 되고 선하게 된다. 그것과 반대로 리가 기를 충분하게 지배하지 못해 만약 기에 질 때는, 정은 기발이 되고 위태로워져 악으로 흐르게 된다. 그러므로 도덕의 수양은 결국 리를 왕성하게 해 항상 언제 어느 곳에서나 기를 지배하게 하는 데 달려 있다. …… 그것에 대해 이이는 리는 운동도 없고 작용도 없어 단순히 형식적인 조리이고, 하늘이 만물을 생기게 해, 만물에 리를 부여하는 데 절대 공평해 더하거나 뺌도 없다. 그리고 본연지성에 나아가서 본다면 사람과 사물의 차별이 없다고 주장한다. 따라서 정 즉 마음의 작용에 선악이 생기는 것은 본연지성, 즉 리의 있고 없음과 많고 적음 때문은 아니다. 오직 리를 타고서 이것을 구체화하는 바의 기의 성질에 달려 있다. 맑은 기가 타면 리는 똑바로 나와 정이 선하게 되고, 탁한 기가 타면 리는 가리워 정이 악

하게 된다. 여기서 도덕 수양의 가장 중요한 의미는 각각 기질을 변화 개선해 탁한 기를 맑고 순수하게 변화시키는 것이다. 이이는 성인을 배움으로써 비로소 그 기질을 변화시켜 성인이 된다고 주장하기 때문에, 사람의 기질은 학문, 즉 수양으로 말미암아 그 중요한 부분을 변화시킬 수 있다고 한다. 이이는 사람의 수양에서 기를 가장 중요한 대상으로 삼는다. 그러므로 이황이 처음의 본성으로 돌아가야 한다고 주장한다면, 이이는 처음의 기로 돌아가야 한다고 주장한다.

바로 이런 이유에서 이황은 마음의 본성에 초점을 두기 때문에 주리론으로 나눌 수 있고, 이이는 본성에 초점을 두면서도 기의 수양에 중점을 두기 때문에 주기론으로 나눌 수 있다. 그러나 둘 사이에 구분은 가능하지만, 주리·주기의 도식적인 구분은 문제가 있다. 왜냐하면 이황·이이 모두에게 중요한 것은 기가 리를 은폐하는 것을 극복하고, 리의 순수성으로 돌아가는 것이다. 리가 올바르면 기는 저절로 따라온다고 하는 것이 주자학의 기본적인 사고다. 이러한 사고는 이이와 이황의 공통된 기반으로, 결코 어느 한쪽만 강조하지 않는다.

다카하시는 이러한 견지를 영남학파와 기호학파 전체에까지 확장시켜, 이황의 주리론은 유성룡, 장흥효, 이현일, 이재, 이상정, 남한조南漢朝, 1744~1809, 유치명, 이원조를 거쳐, 이진상의 '심즉리'에서 정점을 이룬다고 했다. 그런데 이진상은 리의 절대성을 주장한다. 한편 이이의 주기론은 김장생, 송시열, 권상하, 한원진을 거쳐 임성주任聖周,1711~1788의 '성즉기性卽氣'에서 최고봉에 달한다는 것이다. 그러나 율곡학파는 임성주를 제외하고, 이항로, 전우全愚,1841~1922 등이 리의 절대성을 주장했다. 이는 퇴계학파나 율곡학파 모두 주리론으로 끝을 맺었다는 것을 뜻한다.

다카하시가 사단칠정을 기준으로 퇴계학파와 율곡학파로 나누고, 그들을 각각 주리와 주기로 파악하려고 시도한 것은 많은 문제점을 드러낸다. 율곡학파는 주기론으로 볼 수 없다. 율곡학파가 비록 기에 대한 관심이 퇴계학파보다 상대적으로 많았지만, 기에 대한 리의 우월성을 부정하지는 않았다. 따라서 율곡학파를 이이의 사단칠정론으로 묶어서는 안 된다. 율곡학파의 '최소공배수'는 '사단칠정'이 아니라, '기발'만을 인정하고 '리발'을 인정하지 않는 점이라고 할 수 있다.

아울러 다카하시는 사단칠정을 내용적으로 분류했을 뿐만 아니라, 이것을 자신의 관점에서 재정의한다. 그는 사단과 칠정에 대한 이황의 호발설이나 이이의 혼륜설을 모두 부정한다. 이황의 경우 칠정에도 절도에 맞는 경우가 있는데 이를 기발에만 한정시키는 잘못이 있고, 이이의 경우는 사단을 칠정 가운데 선한 부분이라고 인정하는데, 이는 사단에도 선하지 못한 부분이 있음을 인정하지 않는 것이다. 그리하여 그는 "사단을 세우면 칠정에서 모순을 일으키고, 칠정을 세우면 사단에서 모순을 낳아 결국 논리상 난점을 벗어날 수 없다"고 주장한다.

결국 이런 식으로 조선 유학은 해결할 수 없는 난점을 가지고 소모적인 당쟁을 벌이는 결과를 낳는다는 것이다. 다카하시는 사단이나 칠정 모두 리발 기발을 적용한다고 말한다. 그에 따르면 공평한 감정은 리발, 즉 이성이고, 개인적인 감정은 기발, 즉 감정이라고 한다.

또한 이런 사고를 한 사상가로 정약용을 추천한다. 정약용의 사단칠정에 관한 주장이 조선 유학을 정리하는 것이라고 그는 밝히고 있다. 그러나 주리론은 이성에 초점을 두고 주기론은 감정에 초점을 두었다고 해도 문제는 여전히 남는다. 왜냐하면 욕망과 결부되지 않는 감정 논의를 주기론으로 보는 것은 제한적일 수밖에 없기 때문이다.

주리·주기론, 그리고 일본과 한국의 철학사

다카하시의 주리·주기식 구분은 일본과 한국 학자에게 계승됐다. 일본에서는 아베 요시오阿部吉雄, 1905~1978가 선구다. 경성제국대학 교수였던 아베 요시오는 〈일선명日鮮明에서 주자학, 그 두 계통과 주자학의 제특성〉이라는 논문을 통해 주리·주기를 조선 유학뿐만 아니라, 일본 유학과 중국 유학을 분석하는 틀로 확대시킨다. 아베는 주희 철학을 '주리적 리기 철학'이라고 규정하고, 이를 주지 박학파 – 주기파 – 자연주의파와 체인 자득파 – 주리파 – 정신주의파로 나눈다.

그에 따르면 주기파는 기를 주로 하기 때문에 수양법에서 기를 강조하는 경향이 있으나, 이이와 같은 수양법은 일본에서는 나타나지 않는다고 한다. 그렇기에 그는 기를 리의 운동 법칙으로 파악해, 사물의 법칙성을 탐구하고 외적 경험을 쌓으며 박학을 강조하는 주지주의 견해를 주기파라고 한다.

반면 주리파는 기를 움직이는 근원이 리라고 주장하며, 이 리를 체인하는 내적 경험을 통한 도덕 실천을 강조한다. 그런데 이와 같은 구분도 여전히 문제가 남는다. 주기파든 주리파든 기본적으로 도덕 실천에 중점을 두기 때문이다. 따라서 도덕 실천의 강조를 단지 주리파의 고유한 특성이라 생각한 것은 잘못이다.

반면 최근의 학자 미우라 구니오三浦國雄는 "주리·주기라는 말을 처음으로 사용했던 것은 이황이지만, 소위 주기파가 처음부터 학파를 그렇게 부른 것은 아니고(율곡 철학은 리기이원론이다), 주기파란 주리파가 자기 반대파에 대해 폄칭한 것이다"라고 해, 다카하시의 도식론이 조선 주자학을 설명하는 데 문제가 있음을 주장한다. 이는 현상윤이 이미 《조선유학사》에서 주장했던 것이다.

미우라 구니오는 주리·주기의 도식을 조선 주자학이 아니라, 중국의 역학을 설명하는 데 사용했다. "상수역과 의리역의 대립을 조선 주자학의 용어를 차용해 주기파와 주리파의 대립으로 막연히 생각했지만 아직 체계를 이루지는 않았다."

어쨌든 일본 학자들은 주리·주기론을 가지고 조선 주자학을 설명하기보다는 일본 유학이나 역학을 설명하는 데 쓰고 있다. 반면에 한국의 학자들은 다카하시의 주리·주기론을 답습해, 한국 철학사를 쓰면서도, 그것을 공식적으로 검토하지 않았다. 왜냐하면 이들은 한국 유학에 대한 새로운 도식을 만들어낼 수 없었기 때문에 다카하시의 도식을 그대로 쓸 수밖에 없었던 것이다.

한국에서 다카하시의 주리·주기에 대해 제일 먼저 반응한 이는 박종홍朴鍾鴻, 1903~1976이다. 박종홍은 이황이 리의 자기 촉발이 가능하다는 주장을 설명하는 예로 다카하시를 들고 있고, 이황과 기대승, 이이, 기정진奇正鎭, 1798~1879의 학설이 "주리와 주기의 입장 차이에서 생긴 논쟁이다"라고 해 주리·주기 도식을 사용하고 있다. 그는 이황의 주리론이 "주기론자처럼 리기를 대상적인 자연계에서 문제 삼은 것이 아니라, 인간의 이성과 감성의 관계로 먼저 보았다"고 한다. 이러한 주장은 주리·주기를 이성과 감정으로 보는 다카하시와 정신과 자연으로 보는 아베를 절충한 것이다.

어쨌든 박종홍은 "기왕에 일제시대에 일인 다카하시 도루 박사가 이에 착안해 어느 정도 연구 정리한 업적도 남겼거니와, 우리로서 좀 더 철저하게 이퇴계 기고봉 시대에서 훨씬 이전으로 소급해 조선 왕조 초기 혹은 그 이전에는 이 문제가 어떻게 다루어졌는가를 면밀하게 알아보아 그 계통이 밝혀졌으면 좋을 줄 안다"(박종홍전집), 권4, 259쪽라고 해, 그의 연구가 다카하시의 주리·주기론을 전제로 하고 있음을 알 수 있다. 박종홍이 적극적으로 주리·주기 도식을 사용한 것은 아니지만, 다카하시의 이론을 암묵적으로 전제하고 있다.

이병도李丙燾, 1896~1989는 다카하시의 주리·주기라는 개념을 받아들이지만, 이를 이황과 이이에 적용하지 않고, 이황과 서경덕에 적용한다. 주기라는 개념은 서경덕에서부터 사용해야 한다는 것이다. 이는 이황과 이이의 대립이 아니라 이황과 서경덕의 대립으로 보며, 다카하시의 관점을 확대 설명한 것이다.

윤사순尹絲淳, 1936~은 처음으로 다카하시의 식민사관을 비판했지만, 주리·주기 도식은 그대로 사용한다. 그는 성리학과 실학을 주리와 주기로 구분한다. 리는 추상적·관념적인 데 반해 기는 구체적·경험적이다. 그리하여 주리를 강조하는 쪽은 조선 말에 국권 수호적 보수가 되고, 주기를 강조하는 쪽은 개방적 진보 개혁이 된다고 주장한다.

그런데 문제는 성리학 안에 주기론이 있다는 것이다. 그는 이를 성리학적 주기론이라고 부르고, 실학적 주기론과 구분했다. "성리학적 주기설은 예나 도덕의 합리화를 꾀하는 것이나 그 사고방식 등에 있어서 주리설과 같으며, 다른 것은 다만 리의 사고 내용을 기로 바꾸어 이해하는 것뿐"《한국유학사상사론》, 361쪽이라고 한다. 그리고 실학 안에서도 주리론이 나타난다고 주장한다. 이 문제에 대해 그는 "이익과 안정복 정도에만 나타나며 '(온건한) 주리' 혹은 '실제성 일상적 중시의 태도가 좀 더 강조된 정도의 주리'에 지나지 않는다"고 한다.

그렇다면 과연 성리학적 주기론은 주리론인가 아니면 주기론인가? 그리고 실학적 주리론은 주리론인가 아니면 주기론인가? 그는 이러한 문제를 명쾌하게 설명하지 못한다. 이는 기를 단순히 경험적인 측면으로 분류하는 데서 나타나는 문제다. 전통 시대에 기는 자연, 심리, 물질(제도)을 모두 포괄하는 개념이었다. 기는 경험적인 성격도 있지만, 경험으로 파악되지 않는 점도 있다. 실학의 주기론이 모두 경험적인 것은 아니다. 오히려 실학의 주기론이라고 한다면, 물질 혹은 제도 개혁론에서 찾아야 할 것이다.

실학자 중에도 주리파가 있는데, 이익과 안정복에 불과하다고 한 것은 너무나 이익과 그 학파를 무시하는 것이다. 왜냐하면 성호학파는 조선의 근간이 되는 토지 제도를 근본적으로 반성한 사람들이다. 토지 제도에 대한 반성은 곧 리의 책임성과 연결된다. 현실이 잘못되면 곧 리의 책임이다. 이러한 사고는 이이적인 사고라기보다는 이황적인 사고에서 나오는 것이다.

이상에서 본 한국의 학자들은 다카하시의 주리·주기 도식을 벗어나지 못하고 있다. 주리·주기론은 조선 철학사를 어떻게 정리하느냐의 문제와 관련된다. 주리·주기를 존속시킬 것인가 아니면 폐기할 것인가, 존속시킨다면 어떠한 기준에 따르는가에 따라 철학사는 다르게 쓰일 수 있다.

배종호裵宗鎬, 1919~1990는 《한국유학사》, 《한국유학자료집성》에서 주리·주기 도식을 그대로 원용하고 있다. 그가 한국 유학을 주리파, 주기파, 절충파로 나눈 것은 다카하시 도식을 그대로 쓴 것이다. 그는 퇴계학파와 율곡학파를 주리·주기로 나누는 방식에 회의를 품으면서도, "관용적으로 주리·주기를 사용했을 뿐이다"라고 함으로써, 조선 철학사 분류 방식에 근본적인 한계를 드러낸다.

그 이후 배종호는 이 문제를 고민했는데, 여전히 주리·주기 틀을 벗어나지 못하고 있다. 그는 〈한일유학의 관계사〉란 논문에서 이황을 주리적 리기호발양기설, 이이를 주기적 기발리승일도설이라고 한다. 그리고 그것을 일본에도 적용해 주리적인 후지와라 세이카藤原惺窩, 1561~1619, 주기적인 하야시 라잔林羅山, 1583~1657, 리기일체의 야마자키 안사이기山崎闇齋, 1619~1682로 본다.

배종호는 이황과 이이의 차이를 다음과 같이 분석한다.

> 이퇴계는 인간의 심과 신을 정신과 물질로 인정함으로써 물심 이원론을 수립해 리를 이성, 기를 감성같이 생각한 데서 드디어 리기호발설로 된 것이고, 이에 반해 이율곡은 우주 만물을 기화로 보아 이른바 정신과 물질을 기화의 현상으로 보게 된 것으로, 이른바 이성과 감성은 다 기화 현상으로서 기발이며, 그 기발을 주재하는 원리가 리이므로 리승이라고 한다. 따라서 사단과 칠정이 다만 기발리승의 한 갈래일 뿐이라 한다.

배종호가 이황을 물심 이원론으로 보는 것은 문제가 있다. 물심 이원론이란 데카르트Rene Descarte, 1596~1650가 물질과 정신을 두 가지 실체로 규정한 이래로 서양철학의 주된 이념이 되었다. 그러나 이황이 심과 신을 구분했지만 정신과 물질을 분리해 두 가지 실체로 인정한 적은 없다. 게다가 리와 기를 구분했지만, 이성과 감성으로 분리하지는 않았다. 그리고 이이가 정신과 물질을 기화로 보았다면, 정신과 물질은 모두 기의 작용으로 설명될 수 있다고 하는 것인데, 이는 기가 정신과 물질을 포괄하는 것이 된다. 기가 가지는 특징을 잘 설명하는 것이다. 그런데 이황과 이이에게서 기는 물질과 정신을 모두 가지고 있다. 이이만의 특징이 아니다.

이퇴계 철학의 이성주의, 즉 리귀기천理貴氣賤 사상에서 유래한 것이다. 사실 이퇴계의 리기관으로써 본다면 리발의 사단은 고귀한 도덕성의 발로인데 대해, 기발의 칠정은 비천한 형기形氣의 발출이라는 것이다. 그럼에도 불구하고 이율곡이 리발을 부인하고 기발 하나만을 내세우는 것은 이퇴계 철학으로 보아서는 고귀한 도덕성을 폄하하고 비천한 형기적 감성을 내세우는 것으로 이를 폄칭한 것이다. 그러나 이율곡 철학으로 보아서는 기발은 당연한 것이므로 그 이른바 주기를 매우 뜻깊게 받아들인 것이요, 이와 반대로 발할 수도 없는 리를 발한다고 주장하는 이퇴계 철학의 이른바 리발은 성립될 수 없는 것으로 어불성설이라 해 도리어 리발을 부인 또는 폄시한 데서 주기를 자처한 것이다. 그러나 이율곡도 간혹 주리·주기란 말을 쓰기도 했지만 그것은 이퇴계 철학을 비판할 때의 편의적인 표현일 뿐, 그에게 있어서는 주리·주기라는 사상은 본래 없는 것이라 하겠다.

배종호는 "이율곡 철학에 있어서는 리기양발이 없으므로 주리·주기란 있을 수 없는 것이다"고 한다. 이이의 철학을 주기로 보는 것은 이황에 대한 상대적인 표현일 뿐이라는 것이다. 그러나 이이를 여전히 주기적 기발리승일도설이라고 규정하는 것은 다카하시의 틀을 벗어나지 못한 것이다.

배종호는 다카하시의 사칠리기론을 직접적으로 비판한다. 다카하시의 사칠리기론 비판은 배종호가 처음으로 지적하는 것이다.

첫째, 리와 기는 형이상의 원리이고, 심은 리기를 구체화한 것이다. 따라서 어떠한 미세한 작용도 모두 리기공발이다.

둘째, 리와 기는 산소와 수소 같은 것이고, 심은 산소와 수소의 화합물인 수水와도 같다. 그러므로 수의 작용에 나아가 산소와 수소를 대립시킬 수 없는 것이다.

셋째, 사단은 본체론적 발출, 칠정은 현상론적 복성復性이다.

넷째, 사단에도 리발과 기발이 있고, 칠정에도 리발과 기발이 있다.

다섯째, 인심은 감성, 도심은 이성이며, 그 일어남은 리로부터라 해도 좋고 기로부터라 해도 좋다.

여섯째, 사단 리발, 칠정 기발이라는 분리기설分理氣說도, 그리고 사단칠정은 이명동실異名同實로서 사단은 칠정 중의 선 일변을 척발한

이슈 · 171

것이라는 리기혼륜설도 모두 부당하다.

이에 대해 배종호는 다카하시의 사칠론을 넷으로 정리하면서 다음과 같이 비판한다.

첫째, 칸트 철학과 같이 사람이 심을 이성과 감정으로 이분해 이성을 리로, 감정을 기로 봄으로써 심은 리기의 화합물이므로 리기 공발이라야 한다는 것이다. 그러나 다른 한편 그는 또 리기각발도 주장하고 있다. 그러니 전후당착이다.
둘째, 리라는 것이 무형 무위의 원리인 것을 알지 못하고 있다. 그러므로 리기합인 심을 산소와 수소의 화합물인 수인 양 비유하니, 리기관이 불분명하다.
셋째, 사단을 본체론적 발출이라고 본 것은 가하지만, 사단 부중절이라는 그의 주장은 성설을 잘 이해하지 못한 것이다.
넷째, 칠정을 현상론적 복성이라 한 것은 수위론적인 성찰론을 성정론에 적용한 것으로 성발위정의 원칙을 이탈한 것이다.

배종호의 다카하시 비판에서 중요한 것은 셋째 사단 부중절 이론이다. 이는 앞에서 지적한 것처럼 이이가 칠정 가운데 선한 것은 사단이라고 하는 것에 대해 다카하시는 사단도 절도에 맞지 않는 것이 있다고 비판한다. 여기서 사단도 절도에 맞지 않은 것이 있다는 것은 다카하시의 주장이 아니라 이미 기대승이

지적하고, 이황도 인정했으며, 주희도 주장하고 있는 것이다.

그런데 이러한 배종호의 다카하시 비판에서 생략되고 있는 것은 다카하시의 사칠론이 앞서 지적한 소모적인 당쟁 이론으로 흐르고 있다는 결론이다. 이러한 주장을 비판적으로 제시하지 않을 때 문제가 된다. 결국 배종호는 이황과 이이를 설명할 때는 주리와 주기의 틀을 인용하면서도, 다카하시의 사칠론은 비판하고 있는 모순점을 보이고 있다.

기존 학계는 주리·주기론을 가져다 쓰기 전에 이것이 다카하시에게서 나왔고, 여기에 어떠한 문제점이 있는가를 고찰했어야만 했다. 그 일을 선행하지 않고, 전제로 한다면 그야말로 우리의 철학을 포기하는 것이 된다. 주리·주기론에 대한 문제 제기야말로 계속되는 철학의 과제다. 철학적 진리는 합의에 의해서 도출되는 것이 아니다.

그리고 사단칠정으로 주리·주기론을 세워서 모든 조선 유학을 설명하려는 방식은 상당한 문제점을 가진다. 이러한 방식으로 조선 유학을 설명하는 것은 과도한 존재론적인 사고에 빠질 위험성이 있다. 사단칠정을 리기로 환원하는 것은 리기의 존재론적인 특징만 강조하는 것이다. 리기론이 송 대 철학에서 존재론적인 위상을 갖는 것은 사실이다. 그러나 리기론과 사단칠정론은 인간과 우주를 좀 더 실제적으로 파악하기 위한 도구다.

따라서 이상을 실현하고자 하는 주체적인 인간에 관심을 두지 않고, 리기론과 사단칠정론만으로 조선 유학을 설명한다면,

단순한 관념 계산에 빠질 것이다. 왜냐하면 사단칠정이 리기로 환원하는 것은 리와 기의 성분이 어느 정도인가 하는 계산적인 문제가 되기 때문이다.

조선 유학에서 리기론의 비판적 분석

앞에서 우리는 리기론에 관한 표를 보았다.
먼저 리일을 살펴보자. 리일은 전체적인 리로, 추상적인 원리다. 가장 궁극적인 원리로 말하자면 태극이 이에 해당한다. 이러한 원리는 감각으로 표현될 수 없다. 반면에 분수리는 구체적이고, 개별적인 리다. 각각의 리는 다르다. 아버지의 리가 있을 수 있고, 선생의 리가 있을 수 있다. 기일도 전체적인 기로, 추상적이다. 이는 원기, 혹은 담일청허지기, 태허라고 말해진다. 반면에 분수기는 다양한 기로 설명된다. 개의 기와 소의 기, 그리고 사람의 기가 있다.

	리	기
정 동	리일 분수리	기일 분수기

그런데 기일에 대해서 논의가 학파마다 다르다. 여기에는 층차가 있다. 가장 낮은 단계는 최한기다. 그의 관심은 전통 철학과 서양 과학을 기를 통해 통일적으로 재구성하려는 데 있었다.

그는 기에 수를 도입함으로써 서양 과학과 조화될 수 있는 길을 마련하고자 했다. 이는 그의 기가 전통적인 마음의 깊은 층차로 내려가지 않는다는 것을 뜻한다. 그는 주체적인 개인〔一身運化〕보다 전체적인 틀〔大氣運化, 統民運化〕에 초점을 두어 기를 설명했다. 전체적인 틀이라고 하는 것도 우주적인 기를 설명하는 것이다. 그는 기존의 일기一氣 중심의 혼천설에서 태양계 중심의 우주론으로 전환하고자 했다. 이렇듯 우주론을 전체적인 차원에서 재구성하고자 했던 것이다.

다음은 퇴계학파나 율곡학파다. 담일청허지기를 빈 공간 정도로 이해하고 있다. 이황과 이이는 모두 서경덕에 대해서 비판적인 사고를 가지고 있다. 이황에 비해 이이가 담일 청허한 기를 인정했다고 하지만, 그것은 어디까지나 본체로서의 기가 아니고, 기가 모이고 흩어지는 우주의 공간 정도로 이해한 것이다. 이황과 이이는 모두 기일을 앞세우면 리가 약화된다고 생각했다. 이는 신비적인 체험만이 강조되고, 그것은 이성 중심의 사고가 약화되는 것을 의미했다. 그래서 그들은 이러한 사고를 이단으로 규정했던 것이다.

가장 높은 단계로는 조선 심학이다. 조선 심학에서는 근원적인 선천의 기로 이해하고 있다. 그런데 그 기는 이성적인 방식으로는 이해할 수 없고, 직관적인 깨달음을 통해서 알 수 있다고 한다. 조선 심학에서 추구하는 마음은 주자학적인 의미에서 의식이 작동하는 정도가 아니라, 심층 의식을 뜻한다. 남언경은 이러한 상태 "생각도 없고 욕망도 없다〔無意無欲〕"라고 표현한다. 최명길은 마음을 고요하게 해 내면의 자아를 깨달으면 그것은 곧 천기가 작동해 유행하는 자연의 원리와 합치하게 된다고 한다.

양명학에서는 "어떠한 사고 작용도 없는 것〔何思何慮〕"이나 "사고 작용이 없이 상제의 법칙을 따른다〔不知不識 順帝之則〕"를 자주 인용하는 것은 그 때문이다. 그것이 곧 미발에 대한 체인이다. 양명학에서는 미발에 대한 직접적인 체인을 강조한다. 양명학에서 미발은 주자학적인 의미에서 의식이 작동하는 정도가 아니라, 심층 의식을 뜻한다. 정제두의 양명학은 이러한 정신을 계승하고 있다. 이러한 심층 의식을 통해서 진정한 자아를 만나는 것이 양지이고, 그것이 유학의 인륜으로 표현된다고 한다. 이에 정제두는 양지인 마음의 본체를 통해 성체를 깨달아야 한다고 주장한다. 이는 곧 심성 합일의 원만한 본체를 증득하는 것이다.

정제두는 누구나 양지를 가지고 있고, 그것을 각자의 역할에 맡겨 실현시켜야 한다고 한다. 그것이 곧 치양지다. 내면적인 체험 속에서 양지가 주체가 되어야 한다는 것이다. 이러한 논의를 따르면 기를 제어하는 참된 자아는 궁극적으로 윤리적인 자아로 드러난다고 한다. 이것이 곧 유가를 표방하는 이유가 된다. 양명학에서는 리와 기를 분리하지 않는다. 그런데 주자학에서 볼 때 이러한 사고는 기에 종속된 것에 불과하기 때문에 비판을 한다. 조선의 학자에게 기를 강조하는 것은 곧 양명학 혹은 불교나 도교를 의미하는 것이었다. 그리고 주자학에서는 욕망을 부정적인 것으로 보고 있는데 비해 양명학에서는 욕망을 긍정적으로 보고 있다. 그렇다고 양명학에서 욕망을 전부 인정했다는 것은 아니다. 양명학에서 욕망을 있는 그대로 인정해, 제멋대로 행동했다고 하는 주장은 주자학의 편견에 불과하다. 양명학에서는 욕망을 인간이 생활하는 데 기본적인 것이고, 또한 도덕을 실천할 수 있는 동력으로 보고 있다. 그래서 이것을 처음부터 부정해서는 안 된다고 하는 것이다. 욕망을 다스릴 때 처음부터 눌러서 금지할 것인가, 아니면 천천히 천리를 실천하고자 하는 힘을 키워서 욕망의 힘을 뺄 것인가에 따라 주자학과 양명학이 구분된다. 공부론에 입각하지 않는 주리·주기론은 한국 유학사를 설명하는 데 아무런 도움도 되지 않는다. 오히려 공부론에 따른 설명이 조금 더 설명 가능성이 있을 것이다. 이들은 개인적인 공부를 통해 기에 의해서 좌우되는 정신을 극복하고 리를 실현하는 계몽적인 지식인이 되고자 했던 것이다.

조선 유학사의 과제

이상에서 본 한국의 학자들은 다카하시의 주리·주기 도식을 벗어나지 못하고 있다. 주리·주기론은 조선 철학사를 어떻게 정리하느냐의 문제와 관련된다. 주리·주기를 존속시킬 것인가 아니면 폐기할 것인가, 존속시킨다면 어떠한 기준에 따르는가에 따라 철학사는 다르게 쓰일 수 있다.

주리·주기론이 다카하시에게서 나왔고, 그가 어떠한 문제점이 있는가를 고찰하지 않고, 전제로 한다면 그야말로 우리의 철학을 포기하는 것이 된다. 주리·주기론에 대한 문제 제기야말로 계속되는 철학의 과제이기 때문이다.

그리고 사단칠정으로 주리·주기론을 세워서 모든 조선 유학을 설명하려는 방식에서 벗어야 한다. 이상을 실현하고자 하는 주체적인 인간에 관심을 두지 않고, 리기론과 사단칠정론만으로 조선 유학을 설명한다면, 단순한 관념 계산에 빠질 것이다. 조선 유학을 어떻게 인간의 문제를 고민하고 그것을 내면적으로 자신을 어떻게 바꿀 것인가라는 공부론의 틀 속에서 재조명할 필요가 있다.

양주음왕에 대한 비판적 분석

　조선 양명학파에 대해 다카하시는 '겉으로는 주자학이지만 속으로는 양명학陽朱陰王'이라고 평가한다. 그는 양명학에 대해서도 깊은 관심을 가지고 있었다. 《하곡집》을 비롯한 양명학자의 문집을 규장각에 보존하는 역할을 했을 뿐만 아니라, 〈조선의 양명학파〉라는 양명학에 대한 논문과 정인보의 〈양명학연론〉에 대한 서평을 쓰고 있다. 그는 〈조선의 양명학파〉라는 글에서 조선의 양명학 전반에 대하여 서술하고 있다. 여기서 특징적인 점은 조선 양명학파에 대한 성격 규정이다.
　다카하시는 조선 고서 해제 사업의 동료이자, 경학원과 경성제국대학의 동료였던 정만조의 말을 빌려 조선의 양명학은 양주음왕이라고 규정한다.

정만조와 나는 조선 고서 해제 사업에 참여한 동료고, 뒤에 경학원과 경성(제국)대학에서 동료가 되었다. 정만조와 나는 25년 지기 우의를 맺어 변함이 없었고, 나는 정만조에게 무한한 가르침을 받았다. 특히 조선 지식인의 학문, 문장, 정론, 당론 등에 대해서는 대부분 정만조의 가르침을 받았다. 정만조는 나의 스승이자 친구다. 때때로 정만조와 나는 조선의 유학을 언급했는데, 나는 조선의 유학이 주자학 일색인 것에 대해 어딘가 부족하다고 말했다. 그때 정만조는 안색을 바르게 해 그렇지 않다고 부정하고, 다시 흥미진진하게 말을 계속했다. 조선은 주자학을 국가의 정학으로 세웠기 때문에, 지식인의 가학도 표면은 주자학이었다. 그러나 내실의 가학은 반드시 주자학 일색은 아니었다. 현재 동래 정씨, 우리 집안(동래 정씨), 전주 이씨 이건창 집안에서 그 자제들은 벼슬을 위해서는 물론 주희의 경전 텍스트를 배우고, 주희의 말을 암송하지만, 참으로 받드는 도학은 모두 양명학이다. 양주음왕이 우리 소론 집안의 가학이다. 이 점을 숙지하고 조선의 글을 읽지 않으면 안 된다. 더욱 말하기를, '내가 유학에서 좋아하지 않는 것은 리기심성을 말하는 것이고, 이것은 터무니없고 무용한 논의다'라고 힘써 주장했다. 정만조의 이 말은 의심할 여지가 없다. 따라서 이충익이 처음에 양명학에 심취하였다가 뒤에 정주학으로 다시 돌아갔다고 하는 것도 세상의 배척을 꺼린 위장이 아닌가라고 생각된다.

정만조의 말에 따르면, 조선의 양명학은 동래 정씨, 전주 이씨 집안에서 내려온 가학으로, 벼슬을 위해서는 주희의 말을 암송하지만, 안으로는 양명학을 받들었다고 한다. 다카하시는 그 예로서 이충익이 처음에는 양명학을 배웠지만 주자학으로 돌아섰고, 이영익李令翊,1740~?도 마찬가지라고 주장한다. 이러한 주장은 기존의 연구에서 비판되었다. 조선에는 양명학이 있음에도, 주자학만이 있었다고 파악한 뒤, 그것이 민생과는 아무런 관련 없는 공리공담에만 흐르고 있었다는 식민주의적인 관점에서 나온 것이기 때문에 문제가 있다는 것이다.

민영규閔泳奎,1846~1922도 이러한 표현이 문제가 있다고 주장하면서도, 그것에 오해의 발단이 있음을 이야기하고 있다. "그 오해의 발단이란 철종哲宗,1831~1863조 이시원과 고종高宗,1852~1919조 이건창의 생애가 벼슬이 너무 높았고, 그렇기 때문에 너무 다사多辭할 밖에 없었던 데 있었다고 나는 또한 생각하고 있다. 벼슬이 너무 높았기 때문에 중앙의 권좌를 휘감고 있던 동래 정씨 일문과 같은 소론끼리의 접촉이 잦지 않을 수 없었고, 접촉이 잦았기 때문에 그러한 오해도 응당 받게 마련이었던 것이다." 이는 이시원과 이건창이 고위 관직에 있었기 때문에 그의 사상이 복합적일 수밖에 없어 양명학자로 분류되기 어렵고, 다카하시의 주장이 정만조로부터 나왔는데 정만조의 양명학 이해에 문제가 있다는 내용이다. 이러한 이야기는 양명학에 대한 성격 규정과 거리가 멀다.

다카하시는 식민 사관에 입각해서 조선의 학문을 평가하고 있다. 조선의 양명학 이단으로 평가받았기 때문에 겉으로 내세울 수 없었다는 것이다. 이러한 평가는 첫째, 조선의 심학을 제대로 이해하지 못한 것이다. 조선의 심학은 서경덕의 제자인 남언경으로부터 시작해, 그의 아들인 남격南格, 성호成浩, 1545~1588, 윤광원尹光遠, 1553~594이 잇고, 남격에게 배운 장유, 최명길을 거쳐, 정제두에 최고봉에 이르고, 그것이 다시 정인보까지 면면히 이어졌다. 퇴계와 율곡학파에 맞설 만큼의 세력을 가지지는 못했지만, 단선이나마 이어왔던 것이다. 둘째, 이들을 양명학으로만 규정하기 힘들다. 양명학은 양지란 개념을 통해 학문적 정체성을 규정하고 있다. 그렇지만, 심학은 양지라는 개념적 정체성이 없이도, 다양한 개념들을 다룰 수 있다. 외부의 리를 비판하고, 마음의 주체성을 강조하는 점에서 이들의 외연을 넓게 잡을 수 있다. 정제두도 그렇게 되면 양주음왕이라는 틀을 벗어날 수 있다. 정제두와 정인보 등 몇몇을 제외하면 대부분의 학자가 지닌 사고가 전적으로 양명학은 아니었다.

에필로그

Epilogue

1 지식인 지도

2 지식인 연보

3 키워드 찾기

4 깊이 읽기

5 찾아보기

EPILOGUE 1

지식인 지도

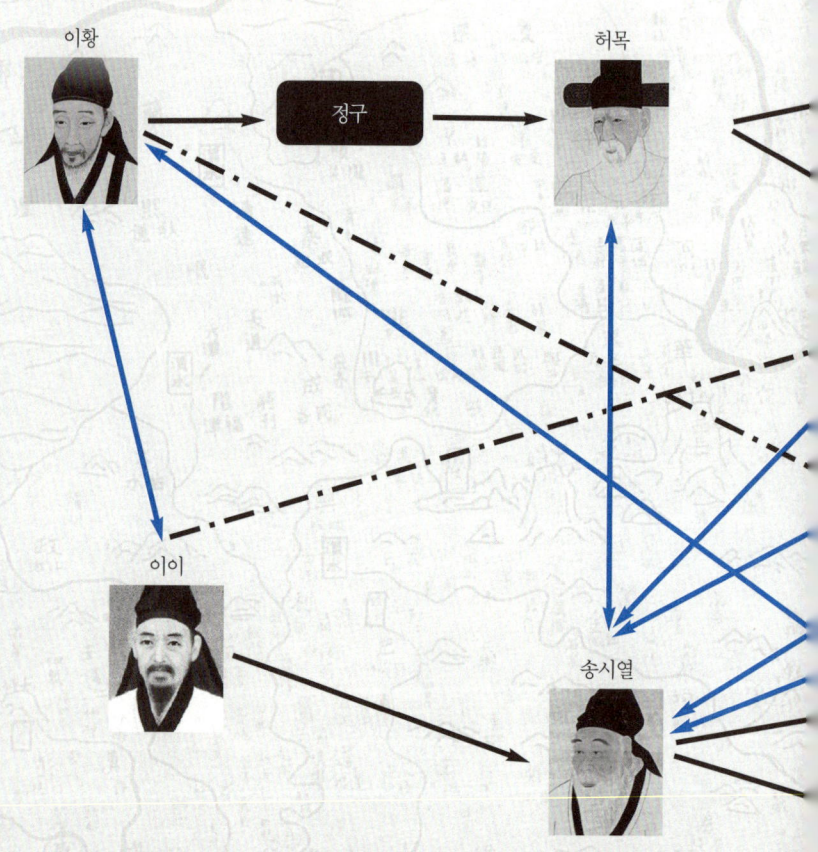

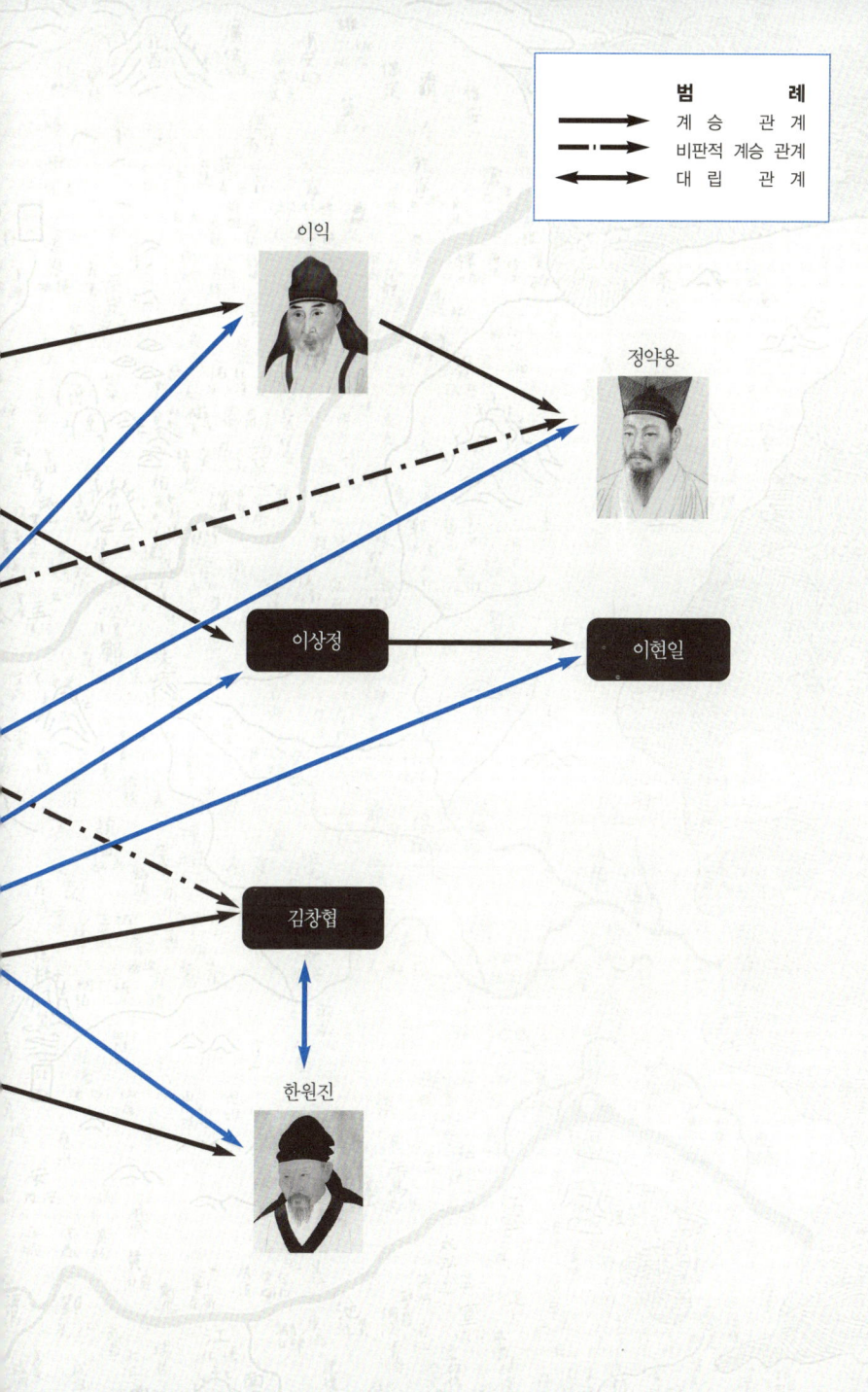

EPILOGUE 2

지식인 연보

• 이황

1501년	예안현 온계리에서 출생
1502년	부친상을 당함
1521년	김해 허씨와 결혼
1527년	김해 허씨가 죽음
1530년	안동 권씨와 재혼
1534년	문과에 급제
1537년	모친상을 당함
1542년	충청도 어사가 됨
1546년	안동 권씨가 죽음
1548년	단양 군수, 풍기 군수가 됨
1549년	백운동 서원에서 강학
1553년	대사성이 됨
1554년	형조, 병조 참의가 됨
1556년	《주자서절요》를 완성
1558년	이이와 만남
1559년	《송계원명리학통록(宋季元明理學通錄)》을 완성
1560년	기대승과 사단 칠정에 관해 논쟁을 시작

1567년	명종의 행장을 지음, 예조 판서가 됨
1568년	《성학십도》를 만듦
1570년	안동에서 사망

• 이이

1536년	강릉에서 출생
1551년	모친상을 당함
1554년	금강산에 들어감
1555년	강릉으로 돌아와 자경문을 지음
1557년	곡산 노씨와 결혼
1558년	이황을 찾아뵘
1561년	부친상을 당함
1564년	문과에 장원 급제
1566년	이조 좌랑이 됨
1568년	북경에 사신으로 감
1569년	《동호문답》을 지음
1571년	청주 목사가 됨
1572년	성혼과 인심 도심 사단 칠정에 관해서 논쟁
1574년	〈만언봉사〉를 올림
1575년	《성학집요》를 올림
1577년	《격몽요결》을 완성
1581년	호조 판서가 됨
1582년	이조 판서가 됨
1584년	서울에서 사망

EPILOGUE 3

키워드 찾기

- **사단** 《맹자》에서 나오는 개념으로, 측은지심, 수오지심, 사양지심(공경지심), 시비지심을 가리킨다. 인간의 도덕적인 감정을 의미한다. 이것의 독자성을 인정하느냐 하지 않느냐에 따라 이황과 이이가 나누어진다. 이황은 사단에 있어 개체의 실존적인 경향을 인정하는 데 비해, 이이는 인간 일반이 가지는 객관적인 경향을 주장한다.
- **칠정** 《예기》에 나오는 개념으로 희, 로, 애, 락, 애, 오, 욕을 가리킨다. 인간의 일반적인 감정을 의미한다. 일곱 가지이지만 모든 감정을 대표한다. 현대에 와서는 인간 간의 관계에서 이성보다 감정의 처리 문제가 중요한 과제가 되었다.
- **리** 선진 시대 조리, 법칙 등을 의미하다가 불교에서 원리로 전화되었고, 성리학에서는 도덕적인 원리로 정착되었다. 마땅히 따라야 할 원칙을 뜻한다.
- **기** 인간의 생명, 신체, 사회, 우주 모두를 설명하는 개념이다. 유학뿐만이 아니라 불교, 도교에서 공통으로 사용하고 있다. 성리학에서는 리와 더불어 가장 범주적인 개념이 되었다. 지금은 그 범위가 축소되어 기공이나 한의학에서만 쓰이고 있다.
- **리발** 이황이 주장한 학설. 주자학에서 리는 원래 운동성이 없는 것인데 이황은 여기에 운동성, 작용성을 부여했다. 강력한 주체가 되기 위해서는 리가 운동해야 한다고 이황은 주장한다. 이것을 가지고 주자학이 아니라고 평가하는 견해도 있으나, 오히려 주자학적인 주장일 수 있다.
- **리무위** 이이가 주장한 학설. 이황이 리의 운동성을 주장해 리발을 주장한데 비해, 이이는 오히려 리가 어떤 작용성도 없다고 주장한다. 이것을 가지고 기에 역할을 부여한 것이 아니냐는 비판도 있지만, 이는 기의 작용의 근거로서 리의 객관적 존재를 인정한 것이다.

- **도심** 인간의 도덕적인 마음을 뜻한다. 사단과 비슷하다. 다만 사단은 감정의 차원이고, 도심은 마음의 차원이다. 이황은 사단과 마찬가지로 도심의 독립성을 인정한다. 이에 반해 이이는 도심의 독립성을 인정하지 않는다.
- **인심** 인간의 일반적인 욕망이나 욕구를 뜻한다. 칠정과 비슷하다. 인간이 살아가는 데 기본적인 생존의 욕구다. 이것을 부정할 수는 없지만 이것을 방임하게 되면 사회 질서를 무너뜨리는 악으로 작용한다. 그래서 악은 아니지만 악으로 갈 가능성 있는 것으로 간주된다.
- **주리·주기** 다카하시 도루가 조선 유학을 정의할 때 처음 사용한 개념이다. 원래 이 개념을 살펴보면 이황은 사단은 주리, 칠정은 주리라고 썼지만, 다카하시는 이것을 변용해 퇴계 학파를 주리파, 율곡 학파를 주기파로 규정했다. 이는 실제적인 문제에는 관심이 없고, 주리·주기라는 쓸데없는 문제로 허송세월했던 조선 유학의 문제점을 지적하기 위한 것이다. 그러나 율곡 학파는 주기파라고 규정하는 것은 퇴계 학파의 주장에 불과하다.
- **양주음왕** 다카하시가 조선 양명학을 정의할 때 사용한 개념이다. 조선 양명학자가 속으로는 양명학자이지만 겉으로는 주자학인 척해야 한 것에서 유래했다. 조선의 학계가 다양성을 인정하지 못하고 주자학 일색으로 간 것에 대한 비판이다. 그러나 조선의 양명학은 양명학을 바탕으로 주자학, 고증학을 포용하는 사고를 가지고 있었다.

EPILOGUE 4

깊이 읽기

❖ 이황과 이이에 관련된 원전 자료집

《퇴계집》(한국문집총간), 민족문화추진회, 1990

《증보퇴계전서》, 성균관대 대동문화연구원, 1985

《도산전서》, 한국정신문화연구원, 1980

《율곡전서》(한국문집총간), 민족문화추진회, 1990

《율곡전서》, 성균관대 대동문화연구원, 1971

❖ 번역서

- 《퇴계전서》 29권 – 퇴계학연구원, 1989

《퇴계전서》를 전부 번역한 책이다. 한 인물의 책 전부를 번역하면 그 인물에 대한 상세한 정보를 알 수 있고 편역이 갖는 편향된 정보를 벗어날 수 있다.

- 《국역 율곡전서》 7권 – 정신문화연구원, 1984

《율곡전서》를 전부 번역한 책이다.

- 김영두 역, 《퇴계와 고봉, 편지를 쓰다》 – 소나무, 2003

이황과 기대승의 편지를 모아 번역한 책이다. 이황과 기대승의 사단 칠정 논쟁뿐만 아니라 벼슬의 진퇴, 책 구입, 예를 확정하는 문제 등을 알 수 있다.

- 정석태 역, 《안도에게 보낸다》 – 들녘, 2005

이황이 손자인 안도에게 보내는 편지 글을 모아서 번역한 책이다. 아들이 아니닌 손자에게 정성을 쏟는 이황의 섬세한 감정을 느낄 수 있다. 언제 어느 곳에서 보냈는지 나와 있을 정도로 고증을 아주 세밀한 곳까지 하고 있다.

- 안외순 역, 《동호문답》 - 책세상, 2005

이이가 동호에서 휴가를 얻어 독서를 하면서 당시의 정치 개혁에 대한 보고서를 올린다. 내용은 손님과 주인의 질문 대답 형식으로 되어 있다.

- 김학목 역, 《율곡 이이의 노자》 - 예문서원, 2001

이이의 노자 도덕경에 대한 주석서인 《순언》을 번역한 책이다. 이이는 자신의 성리학적 시각에 입각해서 《도덕경》을 전체가 아니라 부분적으로 뽑아서 주석한 것이다.

- 이광호 편역, 《퇴계와 율곡, 생각을 다투다》 - 홍익출판사, 2013

이황과 이이의 편지를 번역하고 해설한 책이다. 특히 이이가 이황에게 보낸 편지 중, 《율곡전서》에 없는 부분을 《퇴계집》에서 찾아 설명하고 있는 점이 눈에 띈다. 이황과 이이의 차이가 일찍부터 시작되었음을 알 수 있다.

❖ 연구서

- 정석태 편, 《퇴계선생연표월일조록(退溪先生年表月日條錄)》 1~4, - 퇴계학연구원, 2001~2006

이황의 기록을 연대순으로 작성한 작업이다. 연보는 대개 연도를 중심으로 작성하지만, 이 책은 월일까지 세밀하게 분석하고 있다. 한국이 세계 학계에 가장 자랑스럽게 내놓을 수 있는 역작이다.

- 조남호, 《그림으로 만나는 성리학 이황의 성학십도》 - 삼성출판사, 2006

이황의 《성학십도》를 주자학의 입장에서 어떻게 이해될 수 있는지를 소개하고 있는 책이다.

- 금장태, 《'성학십도'와 퇴계철학의 구조》 - 서울대학교 출판부, 2001

성학십도를 둘러싼 이황과 당시의 논쟁을 정리했고, 그리고 후대에 어떻게 독해했는지를 보여주는 책이다.

- 금장태, 《퇴계학파의 사상》 1, 2 - 집문당, 1996, 2001

이황뿐만이 아니라 퇴계 학파의 사상을 전반적으로 다루고 있다. 사상뿐만 아니라 학맥의 관계도 자세히 분석하고 있다.

- 이수건, 《영남학파의 형성과 전개》 - 일조각, 1995

퇴계 학파뿐만이 아니라 남명 학파의 역사와 사상을 체계적으로 기술하고 있다. 특히 그들 학파의 경제적 기초에 대한 분석이 뛰어나다. 철학 쪽의 연구서들이 주로 이념만을 문제시하고 있는 데 비해, 이 책은 학파의 사회 경제적 하부 구조에 대한 철저한 분석이 돋보인다.

- 전세영, 《율곡의 군주론》 - 집문당, 2005

이이의 경세론에 대한 연구다. 정치철학의 입장에서 이이의 경세론을 구체적으로 분석하고 있다. 통치론, 정부론, 안민론, 용인론, 군신론 등의 관점에서 연구하고 있다. 특히 이이와 선조의 미묘한 애증 관계를 설명하고 있다.

- 민족과 사상연구회, 《사단칠정론》 - 서광사, 1992

사단 칠정에 관한 조선 유학자들의 전반적인 주장을 대부분 소개하고 있다. 사단 칠정이 조선 후기까지 어떻게 전개되었는지를 알 수 있는 책이다.

- 송영배 등, 《한국유학과 리기철학》 - 예문서원, 2000

조선 유학에서 리기론을 어떻게 논의했는가를 알 수 있는 책이다. 퇴계 학파, 율곡 학파 등의 학파별 분류와 시대적 분류에 따라 리기론을 설명하고 있다.

- 다카하시/조남호 역, 《조선의 유학》 - 소나무, 1999

다카하시 도루의 논문을 모아서 번역한 책이다. 다카하시의 조선 유학관을 알 수 있다. 조선 주자학에 대해서 주리·주기론을 제시했고 양명학에 대해서 양주음왕론을 주장했다. 이러한 주장에 대한 비판적인 논의도 함께 실려 있다.

찾아보기

ㄱ

《가례집람》 p. 37, 134
《격몽요결(擊蒙要訣)》 p. 37
·경(敬) 공부 p. 90-96
《경성제국대학》 p. 150-151
《경연일기》 p. 29
〈경재잠도(敬齋箴圖)〉 p. 34
《경학집록》 p.136
〈계상정거도(溪上靜居圖)〉 p.15-16
〈고산구곡가〉 p.21
공부론 p.62, 90, 95, 106, 179-180
곽종석(郭鍾錫) p.119, 121
권상하(權尙夏) p.134, 160
기대승(奇大升) p.28, 31-32, 41-42, 50-53, 55, 78, 143, 159, 168, 174
기발리승일도설(氣發理乘一途說) p.69, 88, 176
기일 p.73-74, 175-176
기정진(奇正鎭) p.168
김성일(金誠一) p.118, 121
김육(金堉) p.105, 124
김인후(金麟厚) p.28
김장생(金長生) p.27, 32, 37, 110, 124, 126, 132, 134, 164
김정희(金正喜) p.130
김집(金集) p.27, 33, 124, 134
김창협(金昌協) p.74-75, 127-128, 134, 161

ㄴ

나여방(羅汝芳) p.136-137
낙론(洛論) p.123, 129, 132-133
남격(南格) p.184
남언경(南彦經) p.124, 133, 139, 177
남한조(南漢朝) p.121, 164
네오컨퓨셔니즘 Neo-Confucianism p.33-34
《노자》 p.33, 79
〈논심성정〉 p.54

ㄷ

다카하시 도루(高橋亨) p.150-158, 160-170, 173-175, 179, 181, 183-184
다케베 돈고(建部遯吾) p.152, 156
〈답기명언〉 p.47, 49-50, 52
〈답성호원〉 p.55, 56, 58, 68-69, 72-73, 85
〈답안응휴〉 p.70
〈답이중구〉 p.76
〈답이평숙(答李平叔)〉 p.83
〈답정자중〉 p.77
대례의(大禮議) 논쟁 p.112-113
《대우모》 p.81
《대장경》 p.127
《대학》 p.35, 64
〈대학도(大學圖)〉 p.34-35
《대학십잠》 p.46

〈대학연의(大學衍義)〉 p.35
〈대학장구〉 p.125-126
《도경(道經)》 p.82
〈도산12곡〉 p.20
〈도산사숙록(陶山私淑錄)〉 p.120
도심 p.81-90, 146
《동문선》 p.131
《동호문답》 p.31
《딸깍발이 선비의 일생–일석 이희승 회고록》 p.151
뚜웨이밍(杜維明) p.65-66

ㄹ

리기호발설(理氣互發說) p.63, 68-69, 84
리도(理到) p.64
리동설 p.63, 76
리무위설 p.68, 76
리발 p.65, 78, 88, 162, 165
리일 p.73-74, 129, 176
리통기국(理通氣局) p.71, 76

ㅁ

〈만언봉사〉 p.31
《맹자》 p.42, 122
《맹자집주》 p.128
《명유학안》 p.36
《명종실록》 p.100
〈무이(武夷)구곡가〉 p.21
〈묵포도도〉 p.19
미발 p.92, 129, 178
미시나 쇼에이(三品彰英) p.155
미우라 구니오(三浦國雄) p.167

민순(閔純) p.123-124
민영규(閔泳奎) p.183

ㅂ

박민헌(朴民獻) p.124
박성배(朴性焙) p.66-67
박세당(朴世堂) p.125-126, 135
박세채(朴世采) p.161
박순(朴淳) p.123
《박종홍전집》 p.168
《반야심경》 p.30
배위(裴頠) p.79
〈백록동규도(白鹿洞規圖)〉 p.34
백인걸(白仁傑) p.28
〈부기명언비사단칠정분리기변(附奇明彦非四端七情分理氣辯)〉 p.50
부처 Buddha p.34, 127
북벌론 p.124
분수기 p.73, 176
분수리 p.73-74, 176

ㅅ

사단 p.31, 37, 40-44, 46-59, 61-64, 77-78, 83, 86-88, 90, 126-127, 129, 143-147, 159-162, 165-166, 174-175, 179-180
사단 칠정 논쟁 p.28, 40-41, 53, 62
〈사대사간겸진세척동서소(辭大司諫兼陳洗滌東西疏)〉 p.102
《사례편람》 p.37
《사변록(思辨錄)》 p.125-126
《사서》 p.126, 136
《사서집주》 p.136
《사서해》 p.136

사이토 마코토(齋藤實) p.153-154, 156
〈상퇴계선생〉 p.104
서거정(徐居正) p.131
《서경》 p.81
서경덕(徐敬德) p.123-124, 139, 168-169, 177, 184
〈서명도(西銘圖)〉 p.34-35
〈선조수정실록〉 p.103
섭적(葉適) p.36
성수침(成守琛) p.29
《성학십도(聖學十圖)》 p.33-35, 93, 98
《성학집요(聖學輯要)》 p.33, 35, 98, 105, 107
성호(成浩) p.184
성혼(成渾) p.28-29, 55, 84, 126
소중화론 p.124
《소학》 p.37, 123
〈소학도(小學圖)〉 p.34-35
《송계원명리학통록(宋季元明理學通錄)》 p.35
송기수(宋麒壽) p.28
송시열(宋時烈) p.112, 116, 120, 123-127, 132, 134, 160, 164
《송원학안》 p.36
송익필(宋翼弼) p.29, 123
송준길(宋浚吉) p.112
《순언(醇言)》 p.33
《순자》 p.82
스에마쓰 야스가즈(末松保和) p.154
시데하라 히로시(幣原坦) p.152
신대우(申大羽) p.137-139
신사임당(申師任堂) p.18-19, 25-26
신작(申綽) p.137-139
《심경》 p.30-31
《심경부주》 p.31
심대윤(沈大允) p.137-139
심봉원(沈逢源) p.25
심성정의일로설(心性情意一路說) p.88
심육(沈錥) p.137-139

심의겸(沈義謙) p.25
심즉리(心卽理) p.120, 135, 164
〈심통성정도(心統性情圖)〉 p.34
〈심학도(心學圖)〉 p.34-35

ㅇ

아베 요시오(阿部吉雄) p.155, 166, 168
안정복 p.122, 169, 170
야마자키 안사이(기(山崎闇) p.171
〈양명학연론〉 p.181
《어록상》 p.60
어몽룡(魚夢龍) p.19
에드워드 와그너 Edward W. Wagner p.155
〈여백운서원제생(與白雲書院諸生)〉 p.100
《예기》 p.43
예송 p.111, 113-114
예학 논쟁 p.111, 113
오징(吳澄) p.36
와타나베 마나부(渡部學) p.155
〈왕(王道)유도에서 황도(皇道)유도로〉 p.154
왕양명 p.31, 36, 135-136
왕필(王弼) p.79
〈월매도〉 p.19
《위고문상서》 p.82
유성룡(柳成龍) p.105, 118, 121, 128, 164
유숭조(柳崇祖) p.46
유치명(柳致明) p.119, 121, 164
육구연(陸九淵) p.31, 36
윤광원(尹光遠) p.184
윤돈(尹焞) p.92
윤선거(尹宣擧) p.123
윤증(尹拯) p.123
윤휴(尹鑴) p.111-112, 123, 125-126, 135
윤희구(尹喜求) p.160

〈율곡연보〉 p.103
《율곡전서》 p.33, 54-56, 58, 60, 68-70, 72-73, 85, 102-103, 105, 107
이건창(李建昌) p.137-139, 183
이광려(李匡呂) p.137
이광사(李匡師) p.137, 139
이광신(李匡臣) p.137, 139
이광정(李光靖) p.119, 121
이기(李芑) p.25
이노우에 데쓰지로(井上哲次郎) p.152
이덕홍(李德弘) p.118, 121, 127
이돈수(李敦守) p.25
이문량(李文樑) p.28
이미(李薇) p.25
이상정(李象靖) p.119, 121
이석(李碩) p.24
이승희(李承熙) p.120
이시명(李時明) p.119
이시원(李是遠) p.137-139, 183
이식(李埴) p.25
이언적(李彦迪) p.28, 32
이영익(李令翊) p.183
이요(李瑤) p.133
이우(李堣) p.25
이원수(李元秀) p.26
이원익(李元翼) p.105
이원조(李源祚) p.119-121, 164
이익(李瀷) p.120, 122, 169-170
《이자수어(李子粹語)》 p.120
이재(李栽) p.119, 121, 164
이재(李縡) p.37
이정구(李廷龜) p.124
이정(李楨) p.19
《이조불교》 p.153, 157-158
〈이조유학사에 있어서 주리주기파의 발달〉 p.153
이준(李埈) p.128

이진상(李震相) p.119-121, 159, 164
이충익(李忠翊) p.137, 139, 183
이항로(李恒老) p.128, 164
이해(李瀣) p.25
이행(李荇) p.25
이현보(李賢輔) p.28
이현일(李玄逸) p.119, 121, 164
이휘일(李徽逸) p.119, 121
인물성 동이 논쟁 p.128-129, 132
〈인설도(仁說圖)〉 p.34-35
인심 p.81-90, 146
인심 도심 종시설(終始說) p.85, 87
인심 도심론 p.81, 84, 86
〈일선명(日鮮明)에서 주자학, 그 두 계통과 주자학의 제특성〉 p.166
일조편법(一條鞭法) p.108
임성주(任聖周) p.134, 164
임영(林泳) p.74, 161
《입학도설》 p.46

ㅈ

장거정(張居正) p.24, 108-109
장유(張維) p.133, 184
《장자》 p.44, 79
장지연(張志淵) p.153
장흥효(張興孝) p.118-119, 121, 164
전우(全愚) p.134, 164
정경세(鄭經世) p.127-128, 161
정구(鄭逑) p.118, 120-122
〈정다산의 대학 경설〉 p.155
정도전(鄭道傳) p.46
정동유(鄭東愈) p.138-139
정민정(程敏政) p.31
정선(鄭敾) p.15, 132

정약용(丁若鏞) p.120, 122, 138, 166
정여립(鄭汝立) p.29
정여창(鄭汝昌) p.32
정이(程頤) p.82, 92
정인홍(鄭仁弘) p.110
정제두(鄭齊斗) p.133-139, 178, 184
정지운(鄭之雲) p.41, 49
정지헌(鄭芝軒) p.17
정철(鄭澈) p.28-29, 123, 132
정호(程顥) p.82, 92
조광조(趙光祖) p.28-29, 32
조목(趙穆) p.118
《조선도서해제(朝鮮圖書解題)》 p.153
〈조선유학대관〉 p.153, 161
《조선유학사》 p.158, 167
〈조선의 교화와 교정〉 p.153
〈조선의 양명학파〉 p.155, 181
조성기(趙聖期) p.74, 161
조익(趙翼) p.105
주권(朱權) p.30
주기론 p.145, 150, 155, 159-160, 164-170, 175, 179
주돈이(周敦頤) p.90
주리론 p.145, 150, 155, 159-160, 164-170, 175, 179
《주문작해(朱文酌海)》 p.127
《주서절요기의(朱書節要記疑)》 p.127
《주역》 p.56, 79
《주자가례》 p.37
《주자대전》 p.30-31
《주자대전차의》 p.127
《주자대전차의집보(朱子大全箚疑輯補)》 p.128
《주자서절요》 p.31, 127
《주자어류》 p.46, 89, 160
《주자언론동이고(朱子言論同異攷)》 p.160
주정(主靜) 공부 p.90-91
〈주희(朱熹)의 리철학(理哲學)에 대한 퇴계(退溪)의 독창적(獨創的) 해석(解釋)〉 p.66
《중용독서기》 p.125
《중용장구》 p.125-126
지행합일설 p.135
진덕수(眞德秀) p.30-31, 35
진량(陳亮) p.36
진헌장(陳獻章) p.36

ㅊ

《천명도설》 p.41
〈초충도(草蟲圖)〉 p.18-19
최명길(崔鳴吉) p.133, 139, 177, 184
최한기(崔漢綺) p.129-130, 176
치양지(致良知) p.135, 178
칠정 p.31, 37, 40-41, 43-44, 46-59, 61-63, 76-78, 83, 86-88, 126, 129, 143, 144-147, 159-162, 165-166, 174-175, 179-180

ㅌ

〈태극도(太極圖)〉 p.34-35
〈퇴계사상의 종교적 성격〉 p.67
《퇴계집 속집》 p.100
《퇴계집》 p.33, 47, 49-50, 52, 76-77, 83, 152, 156
〈퇴계학 연구논총 9〉 p.67
《퇴계학보》 p.66

ㅍ

폴 그리피스 Paul Griffiths p.43
폴 에크먼 Paul Ekman p.43
〈풍죽도〉 p.19

ㅎ

《하곡문집》 p.136
하야시 라잔(林羅山) p.171
《한국유학사》 p.170
《한국유학사상사론》 p.169
《한국유학자료집성》 p.170
한송(漢宋) 논쟁 p.130
《한어문전》 p.152
한원진(韓元震) p.75, 128, 134, 160, 164
〈한일유학의 관계사〉 p.171
핫토리 우노키치(服部宇之吉) p.153
현학(玄學) p.79
호론(湖論) p.123, 129, 133
홍계희(洪啓禧) p.33
《홍길동전》 p.113
홍대용(洪大容) p.129-130
《활인심방(活人心方)》 p.30
황준량(黃俊良) p.28
회니시비(懷尼是非) p.123
후지와라 세이카(藤原惺窩) p.171